MES RENDEZ-VOUS AVEC WALTER HÖFFER, L'ANGE GARDIEN VENU DES TÉNÈBRES

Du même auteur
aux éditions Michel Lafon

Un souffle vers l'éternité, 2012
Les lumières de l'invisible, 2013
L'Invisible et la science, 2014
N'ayez pas peur de la vie, 2016
Il y a quelqu'un dans la maison, 2018
Survivre dans le tumulte, 2020

Patricia Darré

MES RENDEZ-VOUS AVEC WALTER HÖFFER, L'ANGE GARDIEN VENU DES TÉNÈBRES

Michel LAFON

118, avenue Achille-Peretti – CS 70024
92521 Neuilly-sur-Seine Cedex
www.michel-lafon.com

À François-Philippe, mon fils,
afin qu'il sache.

À Olivier, mon père, résistant et maquisard.

À Marco.

La visite surprise

Lundi 16 mars 2020

Je m'étais réveillée avec une légère gueule de bois, consécutive à l'absorption des quelques bouteilles de champagne que mon équipe et moi-même avions vidées la veille, déjà ivres de fatigue au bout d'une interminable campagne municipale entreprise quelques mois plus tôt. Nous nous étions battus, et fêtions plutôt notre amitié nouvelle que cette défaite. Nous nous étions lancés dans la bataille avec une excitation quasi puérile, avec en tête une utopie qui ne l'était pas moins, pensant que la politique n'est faite que de belles idées et de bons sentiments…

Bref, j'étais fatiguée, mais soulagée d'être sortie de ces turpitudes politiciennes. Je n'avais pourtant fait que suivre les conseils de cette petite voix qui me répétait que je devais me présenter à cette élection locale et briguer la fonction de maire. En revanche, cette petite voix ne m'annonçait jamais ma victoire, se contentant de m'assurer que le chemin que je suivais était le bon, quel qu'en soit le résultat.

Au lendemain de cette bataille, je n'en avais toujours pas compris la nécessité, mais je n'en gardais pas moins le cœur léger, et le sentiment du devoir accompli.

Ce 16 mars 2020, donc, je roulais en voiture en direction de la maison où mon fils et moi avions choisi de nous confiner, exempte, pour ma part, de tout engagement personnel ou professionnel, puisque j'avais démissionné de mon travail après tant d'années de service. J'étais curieuse de voir ce qu'allait nous réserver cette Covid-19. J'avais envie de ne rien faire, sinon dormir, me prélasser devant quelques films ou grignoter en lisant la pile de livres qui s'était élevée sur mon bureau. Au diable, les obligations et les contraintes, les devoirs et les charges, je me sentais libre et dégagée et, à mon âge, en droit d'être laissée en paix.

Je retrouvai mon fils et la maison avec joie, je commençais déjà à faire quelques projets de travaux pour rénover certaines pièces de cette demeure pour laquelle j'avais eu un coup de foudre trente-trois ans plus tôt.

Les premiers jours du confinement, hormis allumer deux à trois fois par jour la télévision pour suivre la progression de l'épidémie et les problèmes qui allaient en résulter, je ne faisais pas grand-chose, mis à part dormir et ouvrir le frigo de temps à autre, ce complice de mes grignotages intempestifs. Je me sentais bien, et totalement déconnectée de tout : la société, mes amis, et même mes « guides » de l'au-delà dont je ne ressentais plus les injonctions. M'avaient-ils abandonnée ? Qu'importe !

À moi la paresse, légitime cette fois-ci, et les journées en pyjama !

Le répit fut de courte durée. Le 20 mars, le jour de l'équinoxe de printemps, à la nuit tombante, tandis que j'écoutais Schubert (plus précisément la pièce intitulée *La Jeune Fille et la Mort*, cela ne s'oublie pas), affalée dans le fauteuil de mon bureau, je sentis une impression étrange m'envahir, impression que je connais bien car c'est celle qui me submerge lorsque je vais être en contact avec un esprit. Ma vue s'est brouillée, le volume de la musique a diminué sans que je ne touche au réglage et le décor de mon bureau s'est peu à peu estompé, cédant la place à la présence qui allait se manifester à moi.

Je sentis tout d'abord qu'elle était très positive. L'énergie qui se dégageait de cette expérience, avant même que je ne voie celui qui en était la cause, était légère et lumineuse. C'était rassurant car je savais que je n'allais pas avoir affaire à quelque entité perdue, voire malfaisante. Peu à peu, dans le seul brouillard que mes yeux percevaient, je vis apparaître une silhouette qui mesurait approximativement un mètre soixante-dix, et laissait deviner par ses contours qu'elle appartenait à un homme.

Son visage apparut très vite, et très précisément. Anguleux et dominé par deux petits yeux bleus très vifs, il arborait un large sourire, ce qui est rarement le cas chez les esprits qui viennent chercher de l'aide.

Ses cheveux blancs rejetés vers l'arrière étaient impeccablement peignés, quant à sa chemise bleu ciel, boutonnée jusqu'au col, et son blaser ocre, ils démontraient que c'était un homme qui avait toujours pris soin de sa personne, ne négligeant aucun détail vestimentaire. On sait que lorsque les esprits se manifestent, ils se présentent tels qu'ils pensent avoir été et non tels qu'ils étaient réellement, le souvenir de la matérialité s'estompant avec le grand passage. Cet homme-là avait dû avoir une mémoire prodigieuse et la conscience de qui il était.

Je restai interdite et muette, attendant que l'apparition s'évanouisse – ce qui arrive parfois, ne laissant à l'esprit aucune opportunité de s'exprimer –, ou qu'elle termine sa matérialisation.

Ce qu'il advint.

Le vieil homme se tenait devant moi. J'aurais pu le toucher, tant il semblait réel, comme en trois dimensions. Avec son regard bienveillant, son visage dégageait une douce lumière et arborait un sourire affectueux.

Je le questionnai aussitôt mentalement :

– Qui êtes-vous ?

Il me répondit de la même manière, et j'entendis ces mots dans ma tête :

– Je suis Walter Höffer. Votre ange gardien.

J'en restai bouche bée, non pas que j'ignore le fait que l'on puisse être en contact avec son ange gardien, mais celui-ci n'avait pas l'apparence que nos images d'Épinal se plaisent à leur donner : pas d'ailes dans le dos, pas de plumes virevoltantes autour de lui, et pas de visage angélique semblable à ceux des chérubins des tableaux de Botticelli. Là, c'était un vieil homme coquet et affable qui, pour l'instant, répondait avec précision aux demandes télépathiques que je lui adressais.

Je n'ai jamais eu le culte de l'ange gardien.

D'après ce que j'en avais compris, les anges gardiens sont des sortes d'êtres en CDD[1] chargés par la hiérarchie des guides superviseurs de nous protéger, en particulier en nous empêchant de faire ce qui n'est pas prévu dans notre parcours, de prévenir les incidents fâcheux et tout ce qui pourrait nous faire perdre du temps dans notre évolution. Quand je dis « CDD », avec humour bien sûr, c'est qu'ils ne restent pas à notre service tout au long de notre vie, évoluant eux aussi, franchissant des paliers dans leur propre dimension.

1. Contrat à durée déterminée.

Cependant, certains d'entre eux choisissent de se charger de la protection de ceux qu'ils ont chéris, ou de membres de leur famille qu'ils ont connus, ou pas. Cela dépend de ce qu'ils retiennent comme étant le bon moyen de progresser sur le chemin de la Lumière, ou de ce que leurs guides leur conseillent. Il viendra un moment où ils se sentiront appelés sur un autre palier de leur progression et laisseront cette charge à quelqu'un d'autre. Un ancêtre peut décider de continuer de veiller sur l'évolution de sa lignée.

Je savais peu de choses à leur propos, et outre le fait d'avoir appelé une fois le mien, sans savoir qui il était, pour m'aider dans une situation que je jugeais désespérée, je ne m'étais jamais vraiment intéressée à mon ange gardien. Voilà que celui-ci se montrait à moi, et portait un nom allemand, Walter Höffer, ce qui ajoutait à ma stupéfaction.

– Walter Höffer, dis-je, médusée. Vous êtes… allemand ?

– J'étais, répondit-il.

Je me sentis de plus en plus légère, bien que la situation me parût assez cocasse, n'ayant jamais ni invoqué ni rien espéré de tel. La première chose qui me questionnait, c'est qu'habituellement les esprits lumineux apparaissent à un âge censé figurer force et jeunesse, et comme la représentation est illusoire, ils le font surtout pour nous rassurer. Là, cet homme apparaissait en vieillard, en forme, certes, mais âgé.

– Vous êtes surprise par mon âge, dit-il.

– Inutile d'essayer de vous le cacher. Oui, plutôt. Pourquoi n'avez-vous pas choisi d'apparaître avec le physique de vos trente ans ?

– Ce n'est qu'une apparence. La vieillesse est parfois plus glorieuse que la jeunesse. Je préfère cet âge-là.

– Depuis combien de temps êtes-vous mon ange gardien ?

– Le temps est assez difficile à évaluer pour moi. Je dirais depuis hier, dans votre temps. Je vais tenter de remplir ma mission aussi bien que possible.

– Me protéger ? C'est ça ?

– Pas seulement. Je dois aussi vous parler.

– À moi ? Pourquoi ?

– Vous verrez. Vous allez comprendre petit à petit, et si je peux me matérialiser aussi bien près de vous, c'est que la fréquence que vous émettez est très compatible avec ce qui définit un esprit « militaire ».

Voilà, c'était reparti. On me l'avait déjà fait comprendre auparavant, je suis une excellente intermédiaire avec les soldats de l'au-delà. Ils viennent à moi, grognards, poilus, soldats de la guerre de Cent Ans, et j'en passe… Pourquoi ? Je ne le sais pas, mais ils prétendent que nous sommes « sur la même longueur d'onde ».

– Quel âge avez-vous ?

– Je n'en ai plus, dit-il avec un petit sourire ironique, mais j'ai quatre-vingts ans dans la représentation que vous voyez. Je suis né le 15 avril 1902, dans un petit village près de Dortmund. J'ai quitté votre monde le 7 novembre 1982, dans la province de Mendoza, en Argentine.

Quelle précision ! D'habitude, les esprits ont une mémoire si altérée qu'ils se souviennent à peine de leur nom, et celui-là me déroule son acte d'état civil avec une rigueur quasi scientifique.

– Comment se fait-il que vous vous souveniez si précisément de ces détails ?

– Parce que vous comprendrez qu'ils sont nécessaires à la suite de notre expérience. Je reviendrai désormais régulièrement vous entretenir de la mission qui nous réunit.

– Une mission ?

Il ne répondit pas et je sentis l'atmosphère changer rapidement autour de moi.

Il était parti.

Je mis quelques minutes à me remettre de cette apparition assez inattendue. Depuis plus de vingt-cinq ans, je m'étais habituée à voir jaillir devant moi des spectres brumeux, ombres parfaites, ou aussi incarnés que s'ils n'avaient jamais quitté leur corps, mais voir apparaître un vieux monsieur plutôt coquet, au patronyme allemand, qui affirmait être mon ange gardien, je n'avais jamais encore expérimenté cela.

Walter Höffer.

Il est rare que les défunts se souviennent aussi précisément de leur nom et le déclinent lors d'une première présentation. D'habitude, ils sont plutôt confus et parviennent difficilement à se souvenir des détails de leur existence ici-bas, trop contents de transmettre un message à la personne qu'ils aiment, ou tout simplement impatients d'obtenir l'aide dont ils ont besoin. Qu'est-ce que cela signifiait ? Était-ce déjà un effet collatéral du confinement ? Je décidai d'attendre la suite, si suite il y avait, pour me faire une idée sur la question.

Elle ne se fit pas attendre. Le lendemain soir, toujours dans ce petit bureau témoin de tant d'événements aussi étranges qu'inexplicables au long de toutes ces années, alors que je faisais un peu de rangement parmi mes livres, je fus aux prises avec une sorte d'étourdissement. Et en me retournant, là, dans le coin de la pièce, je vis l'élégant vieillard nimbé d'un halo de lumière éclatante qui se dissipa peu à peu. Je ressentis un allègement de l'énergie ambiante, comme si un air pur et oxygéné avait envahi la pièce. Je le regardai sans mot dire, et ce fut lui qui parla le premier :

– Je sais que vous doutez de moi, mais je peux vous assurer que vous n'avez rien à craindre. Je suis votre gardien.

Cette fois, je l'entendais dans ma tête, parlant avec aisance, et ce soir-là, une pointe d'accent germanique s'était greffée sur sa prononciation pourtant quasi parfaite.

– Il sera plus facile de communiquer de cette manière, dit-il avec son imperturbable sourire.

Je ne rêvais pas. Un vieil Allemand, mort depuis 38 ans, s'apprêtait à tailler une bavette avec moi.

– Je ne comprends pas bien. Je ne me suis d'ailleurs jamais vraiment inquiétée de savoir qui était mon ange gardien, mais je ne m'attendais pas qu'il soit…

– Allemand ? dit-il.

– Entre autres.

– Un ancien soldat ?

– Par exemple.

– Vous avez bien compris qu'il ne peut en être autrement avec vous. Vos ondes attirent les combattants, comme la lumière attire les papillons de nuit. Ne vous êtes-vous jamais posé la question du pourquoi ?

– Si, bien sûr. Mais je n'ai jamais vraiment eu de réponse.

– Eh bien, parce que vous les comprenez parfaitement, et si vous les comprenez parfaitement, c'est que sous d'autres cieux, vous avez été un combattant vous-même.

– Aïe… Voilà le discours sur les vies antérieures. Ça ne m'intéresse pas. Je n'ai pas envie de savoir…

– Je ne vous parle pas des vies antérieures, mais peut-être bien de celles qui se déroulent en ce moment même, dans d'autres dimensions. Vous êtes qui vous êtes ici, et sans doute quelqu'un d'autre ailleurs en ce moment même. Vous le savez, le temps n'existe pas, c'est une ombre après laquelle nous courons sans cesse lorsque nous sommes sur Terre.

– Oui, je sais, mais au moment où je suis en train de communiquer avec vous, je suis ici, dans cette vie que j'essaie de traverser comme je peux, et peu m'importe d'avoir été un combattant ou un marchand de glaces.

– Il est important de saisir que nous sommes multiples et détenteurs de toutes les différences, pour comprendre que ce que nous représentons n'est qu'une petite facette de nous-mêmes.

– Parlons de vous, Monsieur… Höffer.

– Que voulez-vous savoir ?

– Pourquoi êtes-vous si lucide, si incarné, et capable de me dire tout cela ?

– J'ai rejoint la Lumière il n'y a pas si longtemps.

– Où étiez-vous ? Dans les ténèbres ?

– Oui.

– Pourquoi ?

– Je me suis bloqué l'accès à la grande Lumière en raison de mes choix.

– Vous avez fait du mal ?

– Oui.

– Vous êtes mort en Argentine, j'en déduis que vous vous y étiez réfugié.

– Oui, répondit-il sans se départir de son sourire bienveillant.

– Vous avez donc été poursuivi comme tous ces nazis qui ont élu domicile en

Amérique latine après la Seconde Guerre mondiale. Vous étiez nazi ?

– Oui. C'est exact.

Je ne trouvai pas les mots pour exprimer ma stupéfaction et, par-dessus tout, mon écœurement.

–J'ai appartenu à la Waffen-SS, ajouta-t-il.

La fille de résistant que je suis, élevée dans le respect de la liberté et le dégoût des tyrannies, ne dit plus rien et sentit son cœur mettre un terme à la conversation, comme si tout cela était plus qu'elle ne pouvait en supporter. Le petit vieux s'effaça progressivement de ma vue pour disparaître totalement, comme chassé par ma volonté.

Toute cette histoire me faisait frissonner, car je n'avais fait jusqu'alors que suivre le chemin réconfortant de ceux qui rangent chaque chose dans sa boîte. Une pour le « bien », une pour le « mal ». Je savais que le bien pouvait devenir le mal, mais comment imaginer que le mal puisse devenir le bien ? Comment un vieux nazi revenu de l'enfer ou d'un lieu similaire pouvait-il prétendre me montrer le chemin ? Mon orgueil en prenait un coup malgré moi, car je comprenais qu'il était mal placé, et qu'il ne devait pas se loger dans le jugement de l'attribution des anges gardiens.

Mais, mince alors, quand même, un ancien SS ! Ces êtres abjects qui ont pris une part active dans la « solution finale » ! Que venait-il faire dans mon univers ? Je me tournai alors vers mes guides, les suppliant de me faire un signe, de me délivrer du mal, de faire quelque chose pour moi ! Je venais de traverser des expériences éprouvantes, et tout ce qu'on trouvait à me présenter pour me réconforter, c'était un vieux nazi, qui plus est mon ange gardien. Non, mais franchement… Mais les guides restaient muets. M'abandonnaient-ils à mon sort ? La nuit qui suivit, je fus réveillée par une voix venue de nulle part, prononçant ces mots : « Tu n'as plus qu'à l'écouter. »

Je m'étais installée dans un confinement paresseux et jouissif, dormant et mangeant la plus grande partie du temps, et observant la pandémie de si loin, face à mon écran de télé devant lequel, de temps en temps, je tentais d'écouter les propos des « experts » qui s'affrontaient sur les plateaux de l'info en continu, arguant de leur savoir indiscutable et finissant par ne semer que doutes et confusion dans nos esprits. J'essayais de ne plus penser à Höffer. Je ne voulais pas qu'il revienne me parler. Non, je ne le voulais pas. Quand le mental et l'ego, des frères jumeaux, prennent le contrôle de votre besoin de reconnaissance, ils vous perdent dans les méandres de leur illusion.

En écoutant cet Allemand, j'avais l'impression de trahir ma famille de résistants, mon éducation, et de m'abaisser au niveau de ces démoniaques suppôts d'Hitler.

Ce soir-là, après avoir visionné un film sur mon ordinateur, je sentis l'énergie autour de moi se modifier. Tout devint léger, et si agréable que j'eus l'impression de flotter.

Il apparut devant moi :

– Écoutez au moins ce que j'ai à vous dire avant de me rejeter, dit-il dans ma tête, avec sa pointe d'accent allemand.

Il était légèrement moins vieux, vêtu d'un costume clair et d'une chemise blanche. Je le regardai sans répondre.

– J'ai été élevé dans une famille protestante, luthérienne, qui suivait strictement les préceptes chrétiens. Mon père était agriculteur. Nous étions trois enfants. Trois garçons élevés dans des principes sévères, mais que nous pensions justes. La prière faisait partie de notre quotidien, et nous agissions dans la confiance en Dieu et sa Grâce. Je ne vais pas vous raconter ma vie, mais je veux juste vous expliquer que j'ai eu une jeunesse de labeur et de prière. Si le destin m'a fait connaître une expérience fâcheuse, c'était sans doute pour m'éprouver et me faire comprendre.

– Un peu facile, m'entendis-je répondre.

– Cessez de me juger avant de m'entendre. Je suis envoyé à vous, non pour être guidé vers la Lumière, car j'y suis déjà, mais pour vous guider toujours plus vers elle.

– Ça, c'est la meilleure !

Ma colère était irrépressible.

À ce moment, j'avais juste envie de lui citer un à un les noms de tous les enfants juifs exécutés pour commencer, puis tous ceux des innocents assassinés, juifs, communistes, tziganes, homosexuels, opposants politiques et j'en oublie.

– Je *sais* tout cela, répondit-il sans que je m'adresse à lui. Il ne sert à rien de mastiquer une vieille colère qui s'est exprimée maintes fois, et qui est d'ailleurs justifiée. Il serait plus utile de comprendre pour ne pas reproduire ce désastre.

– Ah non ! Je ne veux pas comprendre les motivations d'un « pauvre » garçon qui va me faire croire qu'il s'est fait embrigader malgré lui dans la *Schutzstaffel*[1], car on sait bien que ces types n'avaient rien en commun avec les soldats ordinaires. Ils étaient convaincus de la justesse de la destruction et du massacre qu'ils commettaient, sans sourciller d'ailleurs, avec un goût certain et…

Il avait disparu.

Il me mettait dans tous mes états. Non parce qu'il était négatif, mais parce qu'il me mettait face aux sujets qui avaient provoqué en moi horreur et colère depuis que j'en avais pris connaissance dans l'enfance. Des témoins m'avaient raconté, j'avais visité Auschwitz et visionné tant de documentaires sur le sujet qui m'avaient ensuite empêchée de dormir, que j'étais remontée à bloc. J'allai me coucher en proie à une colère qui m'empêchait d'être réceptive.

1. La *Schutzstaffel* (« escadron de protection », du genre féminin en allemand), plus communément désignée par son sigle SS, est une des principales organisations du régime national-socialiste.

J'avais conscience qu'il fallait avancer, mais j'en étais incapable. Deux ou trois jours passèrent sans que je ne reçoive aucune visite de ce « cher » Walter. J'évitais dans le même temps toute connexion avec les mondes parallèles.

Jusqu'au jour où, faisant un tour dans mon jardin, je pris place tout en fixant les remous de la rivière sur l'un des petits bancs de pierre qui l'agrémentent. Bercée par le bruissement de l'eau, je sentis une présence à mon côté. Je ne la voyais pas, mais l'énergie qu'elle dégageait était fort identifiable, et j'entendis cette voix à la pointe d'accent si reconnaissable.

– Ce n'est pas en repoussant ce qui vous paraît trop difficile que vous trouverez une solution à toutes les épreuves qui jalonneront votre route.

– Vous êtes là pour me protéger, pas pour m'irriter.

– Posez-vous la question de ce qui vous irrite et déclenche en vous des réactions trop vives : tout cela n'est-il pas provoqué par une certaine peur ?

– Peur ?… Mais de quoi ? Je me levai, reprenant ma marche dans l'allée dont l'hiver avait émoussé les contours. Vous êtes censé être un ange, et de plus, gardien ! Alors, de quoi pourrais-je bien avoir peur ?

– Les réactions trop vives sont souvent engendrées par le fait que ce qui nous indispose chez l'autre fait souvent partie de nous. Nous voudrions repousser certains de nos instincts qui sont en sommeil et nous terrorisent. Les reconnaître chez l'autre nous ramène à notre propre imperfection.

– Alors là… Me reprocher des pensées nazies serait un comble. Et cela m'étonnerait qu'elles puissent germer en moi !

– Il n'est nullement question de débattre de cela, pas plus que d'y trouver des excuses. Il est juste question de s'ouvrir à une forme de compréhension.

– Comprendre quoi ? Le mal qui a été fait pendant cette guerre, comme pendant toutes les autres ? Je n'en ai pas envie. Pas envie du tout ! Cela me dégoûte et m'exaspère !

– Vous dites souvent que nous sommes la somme de nos existences passées. Vous le dites bien, n'est-ce pas ?

– Oui…

– Voulez-vous savoir ce que vous fûtes en d'autres temps, chère Patricia ? Croyez-vous avoir toujours prôné le bien, et quand bien même serait-ce le cas, croyez-vous avoir toujours utilisé des moyens légitimes pour le faire ?

– Je ne sais pas…

– Voulez-vous que je vous dise ce que vous fûtes en des temps immémoriaux, ou craignez-vous de ne plus pouvoir vous regarder dans un miroir en le sachant ?

– Taisez-vous !

J'accélérai le pas pour regagner la maison, mes mains sur les oreilles pour ne plus entendre cette voix qui, de toute manière, n'avait pas besoin de mes oreilles pour se faire entendre...

Lorsque je me retournai, la présence avait disparu.

Une question me taraudait néanmoins l'esprit :

– Vous me protégez toujours, n'est-ce pas ?

Un « naturellement ! » virevolta jusqu'à mon cœur.

Quelle expérience étrange devais-je vivre là ? Je restai contrariée par le choix de cet interlocuteur et interrogeai une nouvelle fois ma hiérarchie, les « patrons » en somme, qui permettent à ma vie d'évoluer assez sereinement depuis vingt-cinq ans.

– Dites ! C'est bien mon ange gardien que vous m'envoyez là ?

Une affirmation envahit mon esprit, comme si je ne devais pas y revenir, mais plutôt me relier à cet être-là, être à l'écoute de l'enseignement qu'il allait me délivrer.

Je m'enfonçais doucement dans la réclusion du confinement de ce printemps 2020, illustré par des images d'hôpitaux surchargés, de chiffres de mortalité quotidienne, de soignants épuisés et de chevreuils qui revenaient sur les parkings des centres-villes. Walter ne me quittait pas. Même s'il ne se manifestait pas ouvertement, je sentais sa présence, et son attitude faite d'observation de mes réactions quotidiennes. Étrangement, j'étais sans cesse plus sensible à tous les documentaires, les livres et films qui concernaient la Seconde Guerre mondiale, et j'avais nettement l'impression que cela s'imposait de plus en plus à moi.

Ce soir-là, en m'installant à mon bureau, je me sentis de nouveau « happée » par une sensation d'extra-temporalité, celle qui précède généralement mes connexions avec l'au-delà, et je vis un personnage se former peu à peu sur le siège près de ma table de travail. Tout d'abord les contours, vaporeux au début, et peu à peu les détails du visage d'un homme jeune, blond aux yeux bleus, vêtu d'un uniforme vert de gris qui provoqua instantanément chez moi quelques frissons désagréables.

– Mais… qu'est-ce que…

– Oui, je sais que vous êtes surprise et affolée, mais il fallait que j'aborde vraiment la question avec vous, en me matérialisant, peu ou prou, tel que je fus dans mes jeunes années.

– Mais…

Les mots ne sortaient pas de ma bouche, tant j'étais offusquée par cette contradiction : ce type, vêtu de son uniforme de malheur, symbole du cauchemar vécu par tant d'êtres humains, était là en tant qu'ange gardien, et je devais attendre des explications. Ce que je fis.

– Je ne suis pas fier de cette image, vous savez, dit-il, mais elle fut mienne, et je dois l'assumer pour continuer ma route. Assumer ne signifie nullement approuver, je vous rassure, et si la Lumière m'accueille maintenant, j'ai dû œuvrer pour l'atteindre. Nos choix sont parfois inéluctables, mais il faut savoir en payer le prix, et le mien fut élevé. C'est pourquoi il faut que je vous raconte ce qui m'est arrivé pour vous aider à comprendre ma présence auprès de vous.

Avais-je le choix ? Je me concentrai donc pour mieux recevoir les confidences de cet être si particulier.

– Mon parcours a été celui de milliers d'Allemands d'une époque qui n'est pas si différente de bien d'autres au cours de l'Histoire. Je ne vais pas vous la raconter car elle est consignée dans les livres, mais le schéma de la crise économique à laquelle il faut trouver un responsable, dans un pays dirigé par un chef charismatique prêt à sacrifier toutes les victimes de ses plus purs fantasmes, l'humanité l'a incarné maintes fois et continuera de l'incarner encore et encore, hélas. Mon éducation luthérienne était rigide et m'invitait à reprendre l'exploitation agricole de mon père. Je n'en fis rien, car j'aimais dessiner et me destinais à l'architecture. C'est à Dortmund que j'ai fait mes études, travaillant pour les payer, car il est inutile de vous dire que non seulement mon père ne m'encourageait pas, mais il n'avait pas de quoi m'aider.

– Comment vous souvenez-vous de tout cela ? Les défunts ne se souviennent jamais de leur passé avec précision !

– Je ne suis plus qu'un défunt désormais, je suis entré dans la grande Lumière, qui m'octroie l'autorisation de cette mémoire afin que je vous la raconte.

– Dans quel but ?

– Vous verrez bien !

L'Allemand parlait avec délicatesse, et malgré l'image de cet uniforme maudit, il émanait de sa personne une belle douceur qui m'enveloppait totalement.

– J'étais enfant pendant le conflit de 1914, mais j'étais un adulte mûr lorsque celui de 1939 survint. J'étais marié et j'avais deux enfants, un garçon, Klaus, et Beata, une fille. Une vraie famille qui s'aimait et se respectait.

– Vous les avez revus ? Je veux dire, dans l'au-delà ?

– Klaus est toujours de votre monde. Il a 89 ans, et se porte comme un charme.

Je regardais ce type qui pouvait avoir dans les 35 ans, et il m'était assez étrange de penser qu'il avait un fils de 89 ans.

– Je n'ai revu ni Elvira, mon épouse, ni Beata, mais c'est tout à fait logique dans mon histoire. Il faut que vous sachiez par quoi je suis passé pour comprendre ce que vous appelez l'« évolution », lorsque vous expliquez le passage dans les sphères.

– Qu'appelez-vous les « sphères » ?

– Les espaces auxquels on accède après la vie terrestre.

– D'accord.

– J'ai fait les choix que vous savez. J'ai suivi une terrible vague dans l'aveuglement.

– Ah ! voilà le discours de la victime... Je me pose toujours la question du moment où l'on se rend compte que l'on va trop loin, mais au lieu de faire marche arrière, on continue plus vite, dis-je, un peu excédée par ce que j'entendais.

– Vous croyez que je cherche une excuse ? Je ne serais pas là, si c'était le cas. Je veux juste vous faire comprendre que l'âme humaine est ainsi faite qu'elle suit ce qui comble le mieux ses frustrations et ses mauvaises pensées. Au lieu de les combattre, elle cherche le moyen de les nourrir, en groupe si possible, car cela les rend plus fortes et, croit-elle, indestructibles. Une fois que l'on a trouvé le bouc émissaire, on donne légitimité à toutes les actions et exactions justifiant l'alimentation de nos bas instincts, mais toujours pour des causes que nous croyons justes et, pensons-nous, dignes. Évidemment, cela advient toujours en période de crise.

– Ce que nous sommes en train de vivre avec ce coronavirus va-t-il déclencher les mêmes réflexes ?

– Oui, absolument. On va désigner des coupables, fictifs ou réels, car l'immatérialité humaine de l'ennemi ne nous satisfait pas, et on ne sait pas accepter les défis de la nature.

– Cette crise va-t-elle durer longtemps ?

– Pendant trois ans de votre temps, vous allez devoir apprendre à vivre autrement. Ce sera difficile pour vous, certes, mais pas plus que pour vos ancêtres dans les crises qu'ils ont traversées.

Au fur et à mesure de notre conversation et de la confiance que je reprenais en lui, et donc en moi-même, je voyais le

SS redevenir le vieux Walter Höffer. Je le préférais ainsi.

– Walter, je veux savoir : avez-vous assassiné ou fait assassiner beaucoup de gens ?

Après un silence de quelques secondes, il me regarda et dit :

– Oui.

Aussitôt après, il disparut. Était-ce sa volonté ou la mienne, je n'en sais rien, mais ce fut ainsi. Les jours qui suivirent, je ressentis fortement sa présence mais ne « vis » pas Walter.

À ce stade de mon récit, il est important de souligner tous les signes et synchronicités déclenchés par cette étrange aventure et qui se déroulèrent en même temps.

Un jour, mon frère me rendit visite. Je ne lui avais bien sûr pas parlé de ce qui m'arrivait, gardant cette expérience secrète, en étant, je dois l'avouer, assez honteuse. Je me disais que raconter à ma famille ou mes amis que mon ange gardien était un ancien nazi, c'était comme prendre un raccourci qui m'exposerait plus vite au jugement, erroné, de ceux qui m'entouraient.

Ce fut avec surprise que j'accueillis Claude-Olivier tenant à la main un livre, un traité ou une biographie, je ne saurais le dire, signé de l'ignoble Walther Darré, l'un des théoriciens nazis dont la seule vue me soulève le cœur.

– Qu'est-ce que tu fiches avec ça ? demandai-je, ahurie.

– Figure-toi que ce sale type appartient à notre arbre généalogique. Et je te le confirme, il est à vomir.

Walther Darré, de sinistre mémoire, était un journaliste allemand qui avait adhéré au parti nazi, au sein duquel il est devenu le spécialiste des questions agraires. Nommé plus tard ministre de l'Agriculture de Hitler, il fut révoqué, car Walther, pourtant grand théoricien du Reich, finit par s'opposer à son Führer. Il fut jugé au procès de Nuremberg et condamné à une peine de sept ans de prison. Libéré en 1950, il décéda trois ans plus tard, à Munich.

Nous n'avions jamais parlé de ce personnage durant tant d'années, aussi demandai-je à Claude-Olivier de me dire pourquoi il s'intéressait tout à coup à ce triste sire. Il me répondit qu'en se promenant dans les allées d'une brocante locale, il était tombé sur un stand de vieux bouquins, parmi lesquels celui-ci ne pouvait passer inaperçu, exhibant sur sa page de couverture le visage glaçant du soldat. Cela lui avait rappelé ce qu'en disait notre grand-père, grand résistant dont tous les fils avaient eux aussi pris le maquis, qui citait Walther comme une honte pour notre nom, mais, je le cite, « appartenant heureusement à la branche familiale huguenote qui avait fui vers l'Allemagne il y a bien longtemps ». Nous avions été sauvés par la réforme, en quelque sorte ! Il est vrai que ce cher Walther portait sur son faciès toutes les épouvantables théories dont il se glorifiait. J'étais néanmoins intriguée par le fait que ce livre se soit trouvé là, en cette période où tout me portait, bien malgré moi, vers le souvenir de cette horrible tragédie. J'y voyais une synchronicité qui m'invitait à me persuader que je devais à tout prix écouter ce que l'on avait à me dire.

Tout devait donc converger pour m'apporter la confirmation que ce n'était vraiment pas un hasard ? Mais quand allions-nous nous débarrasser de tous ces cinglés ? Fallait-il vraiment accepter d'en passer par là ?

La preuve

Après plusieurs jours pendant lesquels je ne me prêtais pas de bon gré à l'écoute de ce que Walter Höffer avait à me dire, soit parce que j'étais très troublée, soit parce que je n'avais pas choisi ce scénario, je me suis souvenue de cette phrase qui m'avait littéralement été envoyée par des esprits éclairés en 2007, lors de mes échanges avec un autre soldat assez contestable, un certain Napoléon Bonaparte : « Ne doit-on aider que ceux que l'on aime ? »

Lorsqu'on est médium, on se sent véritablement contraint de suivre une voie spirituelle, on ne peut pas refuser ce qui nous mène au bien et à la Lumière. Je me ravisai et pris peu à peu l'habitude d'écouter et de questionner cet ange, qui m'aidait aussi beaucoup dans mon quotidien. Nos échanges s'étaient apaisés et je l'écoutais avec attention. Parfois, je l'entendais s'exprimer et me faire passer des messages que je souhaitais être « verbalisés », parfois je le ressentais pleinement dans un silence qui m'emplissait d'amour. Étrange expérience qui contribuait à ma lente métamorphose. J'ai très vite compris que les détails de sa vie terrestre étaient nécessaires à l'illustration de ce qu'il m'exposait.

– J'ai besoin de savoir ce qui vous est arrivé… à votre mort ! lui demandai-je.

– Je vais vous le raconter, mais sachez que nous serons obligés de revenir sur ma dernière vie, afin que vous compreniez bien ce que je dois vous expliquer. J'ai mené une existence plutôt douce en Argentine, vous savez.

– Vous y faisiez quoi ?

– Du vin. J'avais des vignes et faisais un excellent vin rouge. Tout cela me passionnait. Mon fils me secondait, et tout fonctionnait à merveille. La vieillesse venant, ma santé s'est dégradée, et j'ai développé une cardiopathie qui m'a beaucoup diminué. Je suis mort chez moi, entouré des miens.

– Cela vous a-t-il aidé ?

– En rien, car vous le savez sans doute, peu avant de passer, nous recevons souvent un signe, ou la visite d'un proche qui vient nous dire que le départ est imminent et qu'il est prêt à vous accueillir.

– C'est ce que nous entendons dire, effectivement. Ce n'est donc pas une projection de l'inconscient ?

– Non, ce sont réellement les âmes qui sont chargées de nous accueillir qui viennent nous rassurer.

– Et qui avez-vous vu ?

– Ma mère… elle est venue à moi quelques jours avant mon départ, mais elle avait un visage angoissé. Elle m'est apparue dans la chambre, au pied de mon lit, j'ai murmuré *Mutti… Mutti*[1]… Mais tout en voyant ses lèvres bouger, je ne parvenais pas à entendre ce qu'elle me disait. Elle semblait très inquiète, angoissée. J'ai tendu ma main vers elle, mais elle a disparu. Trois jours après, j'ai quitté votre monde…

– Et alors ? Qui vous a accueilli ?

– D'abord, j'ai vu un grand mur. Au début, il était très flou, puis il est devenu plus net. Un mur immense, qui se dressait devant moi. Je ne voyais rien d'autre. Je me suis demandé comment j'allais le franchir. Au fur et à mesure qu'il devenait plus net, je me suis senti aspiré par lui.

– Et ?

– Je me suis retrouvé au pied de ce mur, et lorsque je me suis retourné, tout était obscur. J'avais quitté votre monde. La solitude dans laquelle je me suis retrouvé était incommensurable. Tout ce que je vais vous raconter est difficilement traduisible par des mots. Les sensations ne correspondent pas à la force de celles que vous éprouvez sur Terre.

1. « Maman… Maman… »

Il va falloir faire preuve d'imagination pour essayer d'en comprendre la densité.

– Dois-je vraiment entendre tout cela ?

– Oui, c'est nécessaire pour comprendre le cheminement de ceux qui ont commis de graves erreurs dans l'existence qu'ils ont pourtant la chance d'expérimenter. Mais je vais m'arrêter là… pour aujourd'hui. Je reste votre bon ange, bien sûr.

La communication s'interrompit, me laissant interdite et songeuse. C'est le lendemain que j'ai reçu cet étrange mail. Des mails, j'en reçois des centaines, de gens que je ne connais pas mais qui souhaitent me demander mon avis sur des demeures hantées ou des phénomènes paranormaux. Il m'est impossible de répondre à chacun, voire de les lire tous, et nombre d'entre eux se noient dans la masse.

Ce jour-là, ce mail a retenu mon attention car il était rédigé en italien, et l'italien est une langue que je chéris. Ayant passé plusieurs années en Italie et poursuivi mes études dans la belle ville de Bologne, je la pratique avec joie dès que j'en ai l'occasion. L'expéditeur m'était inconnu. Il m'avouait ne pas vraiment me connaître non plus, mais prétendait avoir à m'entretenir d'une chose importante qu'il avait reçue en tant que médium, ce qu'il était à ses heures et en cachette, car son métier le faisait évoluer dans le milieu bancaire à Milan, peu compatible avec ce genre d'activité. C'est une de ses connaissances qui lui avait fourni mon adresse, et il attendait mon retour avec impatience, car tout cela était extrêmement délicat à traiter. Le ton énigmatique du message excitant ma curiosité, je ne tardai pas à le contacter.

Il faut dire que dans le nombre de ceux qui se prétendent sensitifs ou « extra-lucides », même si certains sont réellement confrontés à des mystères, il n'y a guère toujours de lucidité, et beaucoup ont tendance à croire aux dérives de leur seule imagination. J'ai tout de suite senti, dans la voix et la manière de s'exprimer de Mauro F., qu'il n'en était rien. Il se présenta avec humilité, et avant de me parler de ce qu'il avait reçu, il m'expliqua en détail la rationalité de sa vie quotidienne, entre la banque où il travaillait chaque jour, et la musique, qui est sa véritable passion – ou plus précisément la direction d'orchestre.

Car durant son temps libre, Mauro dirige des orchestres. Souvent invisibles lorsqu'il est chez lui et qu'il écoute de la musique. Mais dès qu'il se rend en Grande-Bretagne, il y dirige de vrais orchestres et s'immerge dans l'œuvre de Beethoven ou de Wagner ou, plus naturellement, dans celle des compositeurs italiens.

– Voilà ce qui m'amène, signora… C'est un secret bien gardé car je n'en ai parlé qu'à très peu de gens. Vous n'imaginez pas ce que sa révélation provoquerait dans le milieu où je travaille ! Voilà…

C'est « lui » qui m'a dit de vous contacter. « Il » m'a dit que vous comprendriez, car il semblerait que vous soyez déjà en relation avec quelqu'un qui l'a côtoyé. Je reçois des informations... d'Adolf Hitler...

Le silence persistant provoqué par ma sidération en dit long à mon interlocuteur.

– Je sais, poursuivit-il, ce n'est guère audible, mais c'est pourtant la vérité. Je n'y peux rien. Voilà des années qu'il se sert de moi pour canaliser ses pensées.

Je tentai rapidement de comprendre si j'avais affaire à un extrémiste de droite cherchant une tribune, et lui posai la question :

– Pardonnez-moi, mais... partagez-vous ses idées ?

– *Oh ! Dio mio*[1] ! Non ! Absolument pas ! Je vis dans une tout autre logique, fort heureusement. Que d'horreur et de barbarie... Non, mais c'est ainsi... Voilà des années, depuis que je suis enfant, très jeune, que j'ai ses souvenirs en tête.

1. Oh ! mon Dieu !

– C'est-à-dire ?

– J'ai vu les dernières images du bunker… Je sais ce qu'il aimait boire, manger, comment il aimait poser son verre après avoir bu, comment il s'habillait… Ce qu'il ressentait. Je n'en ai jamais parlé à personne. J'ai même cru que j'étais sa réincarnation.

– Vraiment ?

– Oui… Comment aurais-je pu porter tous ces souvenirs qui ne m'appartenaient pas ? C'était très troublant.

– Je comprends… Mais, Mauro, pourquoi me contactez-vous ? Que veut-il me dire ?

– Il veut aller vers la Lumière…

Encore troublée par les communications de Walter, j'étais donc au téléphone avec un Italien inconnu qui me passait un message de la part d'Adolf Hitler, qui le hantait depuis toujours et avait décidé de partir vers la Lumière.

Difficile, dans ces conditions, de garder son équilibre mental.

– Et pourquoi moi ? Que puis-je faire ?

– Je ne sais pas, signora. Je vous transmets juste le message. Tout cela est aussi très mystérieux pour moi, vous savez.

Il n'est pas une personne de ce monde qui, croyant en une vie après la mort, ne se soit demandé ce qu'était devenu Hitler.

Personne à ce jour, ni médium, ni chaman, ni voyant, n'avait réussi à le localiser dans les autres mondes.

– Où était-il jusqu'à ce jour ? demandai-je à Mauro.

– Il était en sommeil, répondit-il

– C'est-à-dire ?

– On l'avait comme « désactivé » pendant quelque temps. Ce qui arrive quand des âmes ont eu des parcours plus que chaotiques. Elles sont mises en sommeil, comme pour leur permettre un repos et sans doute réfléchir à ce que l'on va leur proposer pour la suite de leur évolution.

Je n'avais jamais entendu parler de cela, mais je me souvenais avoir ouï dire que les âmes décédées dans de grandes addictions ou dépressions étaient placées dans des sortes de centres de « repos ». Pourquoi pas la désactivation pour tous ceux qui ont suivi des chemins de folie meurtrière sans aucune capacité d'en arrêter la progression ?

Je quittai Mauro en lui fixant un proche rendez-vous, car je savais que nous allions devoir nous parler encore.

– Au fait, signora, n'essayez pas d'entrer directement en contact avec lui. Il me recommande de vous le dire. Son énergie est très basse. Elle vous ferait du mal.

– Et vous, vous n'en pâtissez pas ?

– Non, signora, moi, j'y suis habitué.

Dans les jours qui suivirent j'attendis impatiemment la venue de Walter pour discuter de tout cela avec lui, mais il se fit attendre, sans doute pour me permettre de réfléchir à la question.

Où vont-ils ?

« Ils reprirent donc le voyage comme un dernier vêtement. De grands trous s'y faisaient, de grands trous béants. »
Piotr Rawicz *(Le Sang du ciel)*

Je devais savoir ce qu'il se passait lorsqu'on franchissait les portes après avoir commis des faits très graves dans sa vie. Faits qui avaient provoqué, intentionnellement, la mort de millions d'innocents. Lorsque Walter communiqua avec moi ce soir-là, je sentis sa satisfaction d'avoir réussi à aiguiser ma curiosité.

– Je sais ce que vous allez me demander. Mais avant toutes choses, il faut savoir que tous les monstres qui ont peuplé la Terre étaient des hommes, et donc censés suivre la même évolution que le reste de l'humanité. Il est difficile d'imaginer que l'esprit puisse être capable d'autant de cruauté, mais l'Histoire vous a montré que l'imagination dans ce domaine reste des plus fertiles. Si ce que je vais vous raconter est sinistre, il n'en reste pas moins que j'en suis sorti, et que le voyage m'a mené à la Lumière que je n'aurais jamais dû perdre de vue. Il fallait que vous entendiez parler de celui dont on n'ose même plus citer le nom, car lui aussi a le droit de reprendre le chemin, même s'il risque d'être long et semé d'embûches. En ce qui concerne mon expérience, lorsque je suis arrivé au pied de cet immense mur, j'ai senti une sensation de solitude que l'on pourrait qualifier d'inhumaine, tant la douleur qu'elle provoquait me semblait inconcevable. Je suis resté là, immobile.

– Vous y êtes resté longtemps ?

– Parler de temps n'est pas approprié. Dans cet espace, il nous échappe. Seule la densité d'amour ou de souffrance prévaut. Tout à coup, j'ai senti une présence, et en me retournant, j'ai aperçu une silhouette, tout d'abord très lointaine, mais qui semblait se rapprocher lentement vers moi. Je dois vous dire que pendant toute cette période, il m'était impossible de bouger. J'étais comme pétrifié au pied de ce mur, avec l'impression d'être fiché dans le sol. Je vis un enfant. Un enfant qui venait vers moi, mais au lieu de me prodiguer quelque réconfort, sa venue ne faisait qu'accroître mon angoisse. Lorsqu'il arriva devant moi, il me fixa, et là je reconnus ce regard. Je l'avais croisé quelque part dans mon existence, puis les souvenirs se précisèrent, et je le revis monter dans un train, tenant une femme par la main, probablement sa mère, au milieu d'une confusion extrême. C'était un enfant juif que j'avais croisé alors que, sur le quai, je supervisais un départ vers un camp de déportation. Son regard était insoutenable, et tout à coup, je ressentis toute la souffrance qu'il avait endurée, incommensurable et indescriptible. Lentement il me prit la main, et je me retrouvai aussitôt derrière le mur.

– Franchir ce mur était un nouvel espoir, en somme ?

– Absolument pas. Je me suis retrouvé dans l'obscurité la plus complète, la plus épaisse, dénuée de *vibrance*. Le néant.

– Je demande une pause, dis-je, totalement troublée par cette narration.

Il prit congé en m'envoyant beaucoup de douceur et d'amour, comme pour compenser les turpitudes qu'il devait me faire connaître en me racontant son drôle de voyage.

Le confinement ne permettant pas de se changer les idées en allant visiter des amies ou passer de bons moments récréatifs en société, j'avais du temps à ma disposition pour ressasser et réfléchir à l'angoissante traversée de Walter Höffer.

J'appelai Mauro F. pour en savoir plus. J'avais l'impression de baigner dans une histoire qu'il allait falloir comprendre, digérer avant de pouvoir la dépasser, une sorte de passage obligé qui me mettait très mal à l'aise.

Mauro était toujours affable, et avait envie de me fournir des réponses, d'autant qu'il avait envie d'être rassuré sur l'authenticité des informations qu'il recevait.

– Bonjour Mauro, j'ai envie d'en savoir plus sur vous.

– Certes, je comprends. Pourrions-nous peut-être nous parler en appel vidéo ?

– Si vous voulez.

Je le rappelai et vis qui était cet homme qu'Hitler aurait choisi pour communiquer. Âgé d'une cinquantaine d'années, frêle, un visage fin rappelant celui d'un oiseau, portant de grandes lunettes, apparemment discret et « bon chic bon genre ». Devant l'écran, il parlait de façon très tonique, et le décor de son appartement laissait apparaître des rayonnages remplis de CD montant jusqu'au plafond. Il vit mon intérêt pour cette multitude, et m'expliqua que c'était là toute sa collection d'enregistrements des plus grands classiques qu'il rêvait de diriger. Il me fit faire une visite virtuelle des lieux, en me désignant la pièce dédiée aux compositeurs allemands, celle qui était dédiée aux Italiens, etc.

Je découvrais un personnage qui par l'apparence pouvait se fondre dans la masse, mais qui, intellectuellement, était énigmatique et fascinant. Employé de banque sans doute des plus dociles et bien noté, il devenait une espèce de Karajan frénétique devant son miroir, et depuis peu, le messager de celui qui avait anéanti une partie du monde, arrivé à moi guidé par le même monstre qui réclamait la Lumière. Rien que cela.

Mauro F. est Milanais. Fils de Sergio et Maria Elena F., il a grandi dans une famille aimante et, après avoir obtenu le diplôme d'un institut technico-commercial, il a fait Sciences Po. Rédacteur au service de communication de sa banque depuis de longues années, c'est un être apparemment rationnel et sans histoire, jamais marié, sans enfant, qui a toujours ressenti cette présence troublante à son côté sans y prêter une grande attention. Jusqu'au jour où, en 2018, il décide à titre expérimental de suivre une régression hypnotique, par curiosité, à la recherche d'une hypothétique vie antérieure.

Quelle ne fut pas alors sa surprise de se retrouver dans le bunker d'Hitler et d'y vivre ses derniers instants, avec une précision incroyable, percevant tout ce qui se trouvait là, du moindre bibelot à la plus incroyable conversation. Depuis lors, Mauro canalise A. H., toujours avec la même précision.

Mauro F. est un homme rationnel, qui recherchait donc l'assurance que les incroyables messages qu'il recevait puissent être authentiques. Tout médium honnête a besoin de se rassurer, d'avoir la confirmation que ce qu'il canalise n'est pas un pur délire psychologique, et pour Mauro, cela devait passer par la voie médicale. Il se disait que ces transes affectaient probablement son activité cérébrale, qu'elles laisseraient peut-être des traces visibles sur un électroencéphalogramme. Il s'en ouvrit à un médecin qui le suivait depuis des années et qui le mit en contact avec un neurologue : le docteur Andrea Arrighi.

Celui-ci le reçut dans la clinique où il exerçait, écouta sa requête et, avec une ouverture d'esprit peu commune, sans doute motivée par les propos sensés et cohérents du patient, il programma un rendez-vous pour un électroencéphalogramme.

Après cet échange, Le docteur Arrighi salua Mauro F. et vaqua à ses occupations dans un autre bureau du département de neurologie. Il s'affaira sur son ordinateur et lança quelques photocopies de documents médicaux. Constatant que la photocopieuse ne répondait pas, il se leva pour éteindre et rallumer la machine, pensant que cela résoudrait le problème. Elle répondit en lançant l'impression des documents, mais quelle ne fut pas sa surprise de voir en sortir une page qui n'avait rien à voir avec les fiches qu'il attendait. Sur ce document était écrit :

Alfred Rosenberg, Le Mythe du xxe siècle, et ses adversaires. Contribution à l'histoire du conflit entre église et national-socialisme.

Le docteur Arrighi n'en crut pas ses yeux, car cette feuille n'avait aucune raison valable de sortir de la machine.

Alfred Rosenberg était un essayiste allemand, membre du parti nazi, ministre du Reich aux Territoires occupés de l'Est, l'un des principaux criminels de guerre condamnés lors du procès de Nuremberg, et exécutés. Très intrigué, Andrea Arrighi décrocha aussitôt son téléphone pour faire part de sa découverte à Mauro F. Dans le domaine paranormal, des objets que l'on trouve en des circonstances ou lieux qui ne justifient absolument pas leur présence sont qualifiés d'« apports ». Mauro considéra que cet apport inexplicable constituait déjà une preuve. Andrea Arrighi confirma que techniquement, en tout cas, ce document en était bien un. Il lui donna rendez-vous pour un électroencéphalogramme qui serait effectué par le docteur Gianluca Ardolino.

Voici donc la reproduction du texte de la transe de Mauro F., canalisant les propos d'A. H., telle qu'enregistrée par le docteur Ardolino :

L'humanité est conçue pour s'unir, non pour se diviser. La fleur est composée de plusieurs pétales, mais il suffit d'en retirer un pour la priver de sa beauté harmonieuse. Plus jamais, il ne faut diviser l'humanité et la fractionner. La différence existe pour enrichir, non pour monter les nations les unes contre les autres. Une nation doit partager, il ne faut plus de barrières, clôtures ou fils barbelés. Combien de temps ?... Combien de temps faudra-t-il afin que le sable ne comble le fossé ? Combien de temps... Combien de temps met une fourmi pour franchir un mur ? Jamais plus... Jamais plus de murs ni de violences, car celles-ci souillent pour longtemps les lieux où elles sont advenues. Il n'y a pas un endroit sur Terre vierge de toute violence, et ces lieux troublés sont stigmatisés par des traces invisibles et profondes qui influencent la pensée de celui qui s'y trouve. Il doit alors prendre garde à ne pas verbaliser cette pensée, car la violence contenue dans une pensée, une fois verbalisée, prend forme, inévitablement. Tout le mal qu'une personne porte en elle, qu'elle sert, pense ou exprime, et qu'elle se prend à servir, comme celui que j'ai déchaîné pour manipuler les foules, prend corps, devient matière, et pénètre insidieusement chez les braves gens afin de les transformer en bourreaux.

C'est ainsi que les tragédies ne doivent pas être seulement commémorées par les victimes survivantes, les témoins et leurs descendants, mais doivent être commémorées par les bourreaux eux-mêmes, leurs descendants et leurs complices, afin qu'ils n'oublient jamais le drame dont ils sont responsables, en prennent conscience et puissent commencer un travail d'expiation. C'est une justice difficile à rendre, mais la meilleure qui soit, autant pour les parties offensées que pour les coupables. La demande de pardon n'est pas envisageable si les coupables n'ont pas longuement expié leurs crimes. L'humanité se répète. Elle se répète à l'infini pour une chose ou une autre.

Que ce soit pour une religion, une ethnie, un peuple ou une langue, l'homme est capable de fabriquer non pas ce qui va unir, mais ce qui va diviser. À qui profite le mal ? Réellement, à personne. Le mal est le caillot de sang qui se dépêche de bloquer l'artère afin de tout arrêter, pendant que le bien se répand en libérateur ouvrant tous les possibles. Il sera profitable autant à ceux qui nous ont précédés qu'à ceux qui nous succéderont, car il n'a aucune limite ni dans le temps ni dans l'espace. C'est pour cela qu'il faut ouvrir son cœur à l'amour, afin d'arriver au bout de son existence préparé à passer dans la Lumière et ne pas rester prisonnier de ses erreurs. Je suis resté prisonnier et reclus très longtemps dans cet au-delà. Dans une obscurité épaisse et sans conscience, comme désactivé dans le néant, puis, lorsque j'ai repris conscience et que les pensées sont réapparues, j'ai pensé : comment se fait-il que je me reprenne à penser ? Même si je suis enfermé dans ce néant, je suis, *cela veut dire que quelqu'un a décidé de mon évolution probable. Mais depuis combien de temps ? Qui en a décidé ainsi ? Je suis resté bloqué… Bloqué… Bloqué sans aucun contact possible avec qui que ce soit. Je n'avais pas l'opportunité d'appeler. J'avais juste ma conscience qui avait été réactivée. Suspendu dans le néant jusqu'à ce que se présente cette opportunité de contact… Je l'ai sentie et acceptée pour m'améliorer, m'élever, et ce sera très long et progressif, et je dois chercher à me reposer comme je peux. Et si vous acceptez de me croire, je peux dire que tout ce que j'ai infligé au monde était une réponse aux agressions, à tort bien sûr, que je pensais avoir reçues ainsi que ma nation. Cela n'est évidemment pas justifiable et est inacceptable. J'en suis conscient.*

C'est abominable, car le but n'est jamais atteint et la justice jamais faite. C'est pourquoi il est essentiel d'apprendre à mesurer chacun de nos actes, à modérer chacun des termes que nous utilisons, ainsi que la manière dont nous les pensons. Il faut toujours s'arrêter lorsqu'on sent avoir atteint le point de non-retour. J'ai franchi le point de non-retour et j'ai provoqué ma damnation et celle de ma nation pendant très longtemps par toute l'humanité. Mon idée première était pourtant empreinte de justice, d'idéal, de bonheur et de prospérité, de dignité en écartant les jeux du pouvoir financier. Hélas, toutes les forces que j'ai utilisées ont pris naissance, non pas dans l'amour mais bien dans la haine, et nous savons comment tout cela s'est terminé.

Voilà… Vous avez compris… Ne suivez pas les mauvais exemples, et suivez votre conscience quand elle vous guide vers l'amour, vous vous sentirez mieux lorsque vous aimerez et donnerez plus d'attention à la compréhension de l'autre.

(Transe captée le 30 octobre 2020, à l'Ospedale Maggiore de Milan, région de Lombardie, par le docteur Gian-Luca Ardolino.)

Il est évident que je restai sans voix devant les propos, à la fois décousus et lourds de sens, captés par Mauro. Il est question de l'amour. A. H aurait donc pris conscience de ses actes, mais si le voyage risque d'être long pour lui et qu'il dit lui-même que « communiquer directement avec lui me ferait du mal », c'est que le personnage n'est pas stabilisé dans sa quête de Lumière. Il doit probablement exister un risque de voir les mauvais penchants reprendre le dessus au contact d'un auditoire attentif. Il faut donc prendre note de ses aspirations, lui envoyer prières et intentions afin qu'il puisse y parvenir, mais éviter de lui donner trop de « grain à moudre ». Les malades de l'ego, à ce degré-là, recherchent facilement, par-delà la mort, de quoi satisfaire leur instinct manipulateur, comme dans une espèce de réflexe malsain, sorte d'addiction de laquelle ils peinent à s'extraire. C'est ce que je pensais, par expérience, à la suite de mes contacts avec des entités en quête de Lumière, mais peut-être qu'étant donné le chemin qu'il avait déjà parcouru, les aspirations d'A. H. étaient authentiques et sans failles.

Autant de questions que je gardais pour mon ange gardien qui, lui, avait accédé à une énergie bien supérieure.

Le repêchage

« C’est ici le combat du jour et de la nuit…
Je vois de la lumière noire. »
VICTOR HUGO, sur son lit de mort

Les beaux jours arrivaient, avec un déconfinement qui allait nous redonner un peu d’espoir, malgré le virus qui, lui, ne désarmait pas.

Bien que ressentant la présence de Walter tout au long de la journée, durant laquelle il remplissait à merveille son rôle d’ange gardien, je me sentais secondée, protégée, bien dans ma peau, c’est sans doute pourquoi je mettais tout cela sur le compte de la vigilance du vieil Allemand. Je faisais des pauses régulières, afin d'avancer lentement mais sûrement dans cette drôle d'histoire.

Désormais, je ne le voyais presque plus avec mes yeux, mais à peine posais-je une question qu'il y répondait avec précision, ne laissant aucun doute sur l'interprétation à donner. Ses explications étaient immédiates et affluaient dans mon cerveau avec une fluidité et une rapidité extraordinaire.

Tout comme A. H., Walter avait lui aussi été plongé dans l'obscurité pendant un temps infini. Pétrifié mais conscient, il distinguait alternativement hurlements et gémissements, ceux-là mêmes qu'il avait sans doute entendus de son vivant sans y prêter la moindre attention de la bouche de ses pauvres victimes innocentes, quand il était encore un officier impitoyable.

– C'était donc cela, l'enfer ?

– L'enfer est ce que tu as créé en toi, entendit-il.

C'était la première fois qu'il entendait une voix. Une voix féminine inconnue, qui s'adressait à lui au cœur de l'obscurité. Les ténèbres opaques avaient laissé passer cette voix, cette présence, et peu lui importait qu'elle lui soit bénéfique ou maléfique, elle rompait sa solitude extrême. Il pensa : « Mais pourquoi arrivez-vous seulement maintenant ? »

– Parce que tu as posé une question, lui fut-il répondu.

Il se rendait compte que depuis qu'il était suspendu, pétrifié dans ce néant, il ne s'était effectivement posé aucune question.

La fermeté de son caractère le faisait résister encore, comme si tout faux-semblant ou un quelconque rôle que l'on décide d'interpréter sans aucune foi ni sincérité avait une valeur dissuasive en cette dimension. Il ne s'était pas départi de sa vanité, et il comprit qu'en y renonçant, il redevenait un petit garçon. Il s'abandonna à son sort.

Il avait six ans et se sentait vulnérable. Son père était si brusque qu'il ne supportait pas que l'enfant aille se réfugier dans les jupons de sa mère pour un oui ou pour un non. Il lui avait bien expliqué qu'il lui fallait devenir un homme, et que pour devenir un homme, il fallait être confronté à la discipline et la dureté.

Il avait peur, il avait froid, des sensations lointaines revenaient à lui. Il se mit à pleurer, pleurer tant et tant qu'à travers ses larmes il aperçut un mouvement dans le noir. Une lumière du plus profond de l'obscurité.

C'était un mouvement noir et scintillant, une lumière obscure et vivante qui vibrait au-dessus de lui. Avant de constater qu'elle était noire, il dut y réfléchir à deux fois.

Il ne voyait que son éclat.

Il n'avait jamais pensé qu'une lumière puisse être noire.

Il la vit se déplacer lentement, vivante et intelligente, c'est du moins la sensation qu'il en avait.

Elle s'approcha de lui, l'enveloppa, et au même instant, il vit défiler tant d'images, des images terribles d'arrestations, d'exécutions, de déportation, et à chacune il revivait les émotions et terreurs des malheureuses victimes. Il ne pouvait plus fuir en s'appuyant sur le cynisme de ses congénères nazis.

Il entendit se propager à l'infini l'écho de cette interrogation :

– Pourquoi ?…

Il ne savait que dire et se justifia en disant qu'il n'avait pas décidé de tout cela, qu'il n'avait fait que suivre, comme tant d'autres. Mais la question se répétait, et il savait désormais qu'il ne pourrait y répondre que par le cœur, mais celui-ci était encore fermé.

– Je ne sais pas… Je ne sais pas… C'est tout ce qu'il trouvait à répondre.

Il se sentait anéanti.

Tout à coup, il fut transporté dans un couloir sombre, jalonné de portes fermées sauf une.

Il avança lentement dans la pénombre.

Au bout d'un couloir interminable, il avisa une silhouette immobile semblant le scruter.

Il avançait, hésitant, et au moment où il passa devant la porte ouverte, sentit qu'on l'invitait à entrer dans un espace baigné d'une douce lumière, paisible et pleine d'amour. Mais la silhouette semblait crier « Non ! ».

Il ressentit qu'une terrible menace planait sur lui et comprit qu'il devait obéir, poursuivre son chemin pour l'ombre qui l'attendait désormais. Une autre porte s'ouvrit, et il fut précipité parmi des centaines d'âmes grises, translucides et sans visage. Entassées, piétinées, elles semblaient attendre des ordres de la silhouette qui reprenait place au bout du couloir.

Il ne comprenait pas pourquoi il avait fait ce choix, mais il sentait qu'il devait être là avec les autres. Alors, la voix féminine qu'il avait déjà perçue auparavant se fit à nouveau entendre :

– Pourquoi avoir choisi d'entrer là ?

Il ne savait que répondre. La silhouette avait décidé pour lui, sans doute, que la douce Lumière était dangereuse et ruinerait ses aspirations. Tandis qu'il essayait de se protéger de la bousculade parmi toutes ces âmes terrifiantes et gémissantes, il entendit à nouveau cette voix qu'il avait la vague impression de bien connaître, mais que sa mémoire ne réussissait pas à identifier.

– Qu'attends-tu ?

– Mais…

Il ne savait pas pourquoi il était là, pourquoi il avait choisi de suivre cette silhouette qui ne lui proposait que ténèbres et souffrance. Il voulut rebrousser chemin et sortir de ce magma gluant, mais il ne le pouvait pas, non pas qu'il en fût prisonnier, mais parce qu'il lui manquait la force nécessaire pour le faire.

C'était incompréhensible.

Il était rempli de vide, au milieu d'êtres vides, et la raison obscure pour laquelle il se retrouvait là était absurde. Absurde et cruelle.

Mais quelle était-elle, cette raison ? Il était incapable de le dire, puisqu'il ne le savait pas. Il avait fait ce que la silhouette du bout du couloir voulait de lui, mais il ne savait pas pourquoi. Pour ne pas lui déplaire ? Pour faire comme les autres ? Parce qu'il s'était senti menacé ? Avait-il eu peur ?

Oui, c'est cela, il avait eu peur de quelque chose.

Il se sentit misérable, si misérable qu'il se mit à pleurer et à demander de l'aide. La voix de la femme se fit à nouveau entendre, et cette fois, il la reconnut : c'était la voix de sa mère.

– Oh ! Mutti, Mutti ! Pourquoi n'es-tu pas venue me secourir ?

– Parce que tu ne me l'avais pas demandé.

La voix de sa mère tant aimée, remisée depuis tout ce temps dans les fosses de l'oubli, provoquait en lui des torrents de larmes. Il se sentait fondre, littéralement, et se retrouva comme une goutte dérisoire dans le fameux couloir.

Cette gouttelette était une larme. Une larme minuscule roulant dans le passage sombre, poussée par un souffle imperceptible, celui de sa mère. Il sentit ce souffle devenir un vent puissant, le vent de l'espoir, et s'engouffrer en lui. Et c'est lorsqu'il franchit la fameuse porte ouverte sur la Lumière que tout bascula.

Tandis que je prenais note du flot ininterrompu du récit de Walter, me vint à l'esprit l'histoire du purgatoire chez les chrétiens. Cet espace où séjournent les âmes qui ont fait du mal et qui ont besoin d'expier.

Walter me répondit que cette pensée était simpliste, et que cela signifierait qu'un grand tribunal punisseur nous attendrait au bout de la route, mais qu'au fond, il n'en était rien. Nous nous retrouvons confrontés à nos propres choix et à nos propres incohérences. C'est un miroir qui nous est tendu dès que nous franchissons le passage de la mort.

– Mais vous auriez pu être bloqué ici-bas comme beaucoup d'âmes qui ne parviennent même pas à franchir la grande porte.

– Patricia, vous croyez que lorsque nous sommes bloqués, c'est parce que nous avons fait du mal ? Ce n'est pas la raison. On ne nous empêchera jamais de passer. La Lumière est puissante et ne comporte aucune restriction à notre évolution.

– Mais alors, qui empêche ces âmes d'accéder à l'au-delà ?

– Elles-mêmes ! Elles n'ont pas envie de quitter la Terre, soit parce qu'elles y sont retenues par des proches qui ne font rien pour permettre leur ascension, soit parce qu'elles sont encore reliées à la matière, en raison de la place trop importante qu'elles lui ont accordée, et dont elles ne parviennent pas à se détacher. Ce n'est pas une décision que l'on prend, mais le résultat de l'état général de l'âme durant l'expérience terrestre. C'est bien pour cela qu'il faut travailler chaque jour à la faire évoluer… Mais vous êtes en manque d'énergie, c'est tout pour ce soir. Je reviendrai plus tard pour vous conter la suite.

Walter s'évanouit aussitôt, me laissant seule avec mes réflexions.

Le lendemain, j'avais prévu de déjeuner avec une amie. Le soleil nous faisait presque oublier la situation sanitaire dramatique et les terrasses des cafés et restaurants nous permettaient de revivre un peu la « vie d'avant ». Nous avons parlé de toutes les difficultés liées à la pandémie avant qu'elle n'en arrive à la sempiternelle question :

– Et toi ? Tu prépares un nouveau livre ?
– Oui…
– Sur quoi ?

Comment expliquer en deux mots, devant un tiramisu, que mon ange gardien est un ancien officier de Hitler, qui lui-même communique avec un Italien qui a pris contact avec moi. J'y renonçai.

– C'est compliqué à expliquer comme cela… C'est sur le bien et le mal, la rédemption et le pardon…

– Vaste sujet, lança-t-elle avant d'avaler une gorgée de café brûlant. Tu sais quoi ? continua-t-elle, je me suis toujours demandé ce que des mecs comme Hitler ou encore Pinochet sont devenus après leur mort. Tu crois qu'ils errent toujours parmi nous ?

Il faisait trop beau, la musique qui nous parvenait du restaurant était très douce, et l'endroit me semblait si peu approprié à cette conversation que je décidai de changer de sujet. Je me rendais compte de la difficulté d'aborder ce thème au cours d'une situation de crise, pendant laquelle chacun n'a qu'une envie, entendre raconter de jolies fables, un peu mièvres parfois, sur des petits anges qui ne nous remettent en question que très rarement, mais qui sont très « tendance », et si rassurants, dans un invisible tissé sur les réseaux sociaux.

Mauro m'envoya les résultats de son électroencéphalogramme.

Il se disait déçu du résultat, ce qui ne me surprenait d'ailleurs nullement. Car si les électrodes avaient bien capté une activité cérébrale intense lisible comme celle d'un temps de parole, elles n'avaient en aucun cas relevé celle d'une transe. Je comprenais sa solitude et son envie d'être secondé par la médecine dans cette histoire, mais j'étais consciente qu'il n'obtiendrait, hélas, aucun indice rassurant de ce côté-là. Le médium est toujours seul face à ses mystérieux contacts. Il doit assumer et discerner seul.

C'est ainsi que Walter me rendit visite le lendemain soir, âgé d'une cinquantaine d'années, très élégant, pour me confier le récit de sa première entrée dans le monde de la Lumière.

Un pas vers soi

« Personne ne sait combien de temps peut durer
une seconde de souffrance.
Elle peut durer le temps du purgatoire
ou toute l'éternité. »
GRAHAM GREENE - *La Puissance et la Gloire*

J'étais installée devant ma table et notais tout ce que Walter me disait. La larme en laquelle il s'était transformé dans ce fameux couloir roulait lentement vers l'espace de douceur. À peine y pénétra-t-elle qu'il se sentit redevenir lui-même en apparence. Dans la pièce se trouvaient plusieurs de ses collègues officiers et sous-officiers du Reich. Ils étaient attablés et riaient grassement à des plaisanteries qu'il ne parvenait pas à entendre.

Ils se retournèrent tous en même temps dans sa direction.

– Mais regardez qui voilà ! dit l'un d'eux.

Se sentant en confiance, il esquissa deux pas et les salua.

– Je suis si surpris et content de vous voir, dit-il.

Ils restèrent muets et le dévisagèrent avec amusement et stupéfaction.

– Mais dis donc, le juif ! Tu ne manques pas d'air ! dit l'un d'eux, avec lequel il s'était plutôt bien entendu autrefois.

– Mais…Comment ?… Mais c'est moi, Walter !

– Quelle impudence ! Comment te permets-tu de nous parler aussi familièrement ?

Walter était abasourdi et s'avança les bras tendus, pour tenter de dissiper ce malentendu, et alors qu'il s'approchait de la table, l'un d'eux le frappa si violemment qu'il tomba à terre, et tous se ruèrent sur lui pour lui asséner des coups de pied et des coups de poing, jusqu'à ce qu'il cesse de réagir.

Lorsqu'il leva les yeux, ils avaient disparu. Tout était blanc, lumineux et désert autour de lui. Il se releva, endolori, et avança péniblement, scrutant cet espace qui ressemblait à un vaste brouillard, et c'est alors qu'il y discerna un point noir. Le point noir se rapprochait et prit la forme de cet enfant qu'il avait vu le long du grand mur et qui lui avait permis de le franchir.

L'enfant s'approcha de lui et le regarda avec intensité. Il lui prit la main et, toujours silencieux, l'invita à marcher auprès de lui, dans le brouillard qui diminuait au fur et à mesure qu'ils avançaient. Il arriva sur une place d'abord déserte qui, petit à petit, se peupla d'individus, tous très différents, petits, grands, jeunes ou vieux, qui marchaient lentement puis s'arrêtaient pour le regarder. Il sut immédiatement que tous étaient des victimes innocentes de cette machine infernale à laquelle il s'était associé.

Il sentit son cœur exploser de regret et de tristesse.

Il se mit à genoux, et laissa monter la souffrance des remords et de la culpabilité.

Il avait toujours contourné cette sensation qui parfois prenait corps dans ses cauchemars et dans sa solitude argentine, mais il ne l'avait jamais laissée monter en lui, par peur qu'elle ne l'engloutisse dans la folie. Cette reconnaissance de la culpabilité qu'il portait le transforma en bloc de glace.

Il était pétrifié, incapable de ressentir autre chose que de la douleur.

Tous le fixaient, comme s'ils attendaient quelque chose de sa part.

C'est à ce moment qu'il entendit la voix de sa mère :

– Demande pardon.

Oui, elle avait raison. Il était temps.

Il tenta de le faire, mais il fallait de la force, et il n'en avait pas.

La demande de pardon nécessite non seulement que l'on prenne conscience du mal que l'on a fait, mais aussi d'utiliser toute l'énergie du cœur. Sans cette énergie, elle n'aura aucun effet. Walter n'avait plus d'énergie, ou pas assez. La haine pour laquelle il avait œuvré pendant toutes ces années de guerre avait neutralisé l'énergie de son cœur, et il lui fallait en produire à nouveau. Il me raconta que cet état de volonté de repentir dura infiniment. Sous le regard de ses victimes, il resta pétrifié, et dans une très longue réflexion, il sentit peu à peu la vie revenir. Il sentit une minuscule graine d'amour germer au fond de lui.

Qui a trop servi la haine ne peut plus produire l'énergie de l'amour. Cet amour vrai et si fort est pourtant la seule raison d'exister. Walter se rendit compte que tout ce qu'il avait fait sur Terre après la guerre n'était accroché qu'au devoir d'être respectable, dénué d'amour vrai et puissant.

Je lui demandai :

– Mais alors, vous voulez dire que les bourreaux ne sont pas capables d'aimer leur famille, leurs amis ?

Il me répondit que bien souvent, après avoir évolué dans une logique de haine et de destruction, on éprouve le sens du devoir à la place d'une expression de l'amour authentique.

On est alors porté par une « fausse lumière », qui nous maintient dans l'illusion que tout va bien, puisque tous les ingrédients du bien-être matériel sont *a priori* là. Mais tout est fictif, créé pour masquer une vérité honteuse et douloureuse, celle que l'on se cache, faute de vouloir y travailler, celle qui nous fait basculer dans le déni et ses prétextes absurdes.

– Qu'est-ce que cette fausse lumière ? demandai-je, intriguée.

– C'est se donner l'impression d'être sur le bon chemin, dans une vérité incontestable, mais qui est faite de leurres et de mensonges. C'est orner ce qui est déplaisant de belles parures, éclairer une seule facette de notre âme et enterrer l'autre sans jamais y revenir. C'est falsifier, dans le but de rendre les choses acceptables et admirables, pour en tirer profit. C'est bâtir son existence sur le mensonge.

– J'ai bien peur que notre monde ne soit fait ainsi.

– Oui. En grande partie. Il vous faut apprendre à discerner, c'est-à-dire à ne pas vous laisser influencer par l'image ou la représentation, et c'est bien ce qui est ardu.

– Walter, ce que vous me racontez sur vos épreuves me rappelle quelques livres, voire quelques films qui traitent de ces sujets. Comment se fait-il que certains artistes soient au fait de ces expériences ?

– Les artistes sont souvent inspirés. L'inspiration n'est ni plus ni moins ce qu'un esprit d'un autre monde vient souffler à votre oreille. Vous êtes constamment en rapport avec les autres dimensions, sans en être toujours conscients. Il en est de même pour les êtres d'autres dimensions, qui bien souvent sont immergés dans la vôtre sans s'en rendre compte. L'interaction des espaces est permanente.

– L'expérience que vous me racontez est douloureuse. Les protagonistes que vous y voyez savent que vous souffrez ?

– Cet espace n'existe que dans ma conscience. Heureusement pour elles, ces pauvres victimes ne sont pas venues pour regarder ma souffrance : seule la représentation d'elles-mêmes est intervenue, un *Doppelgänger*, un « double », à la demande d'un esprit supérieur, non pas venu pour me voir souffrir ni pour me punir, mais bien pour m'aider et développer mon éveil. Elles évoluent sur un autre plan.

Il se faisait tard, et la fatigue naissante me rendait moins réceptive, c'est ainsi que Walter prit congé.

Le lendemain, j'appelai Mauro F., pour prendre de ses nouvelles, toujours curieuse de savoir s'il y avait du nouveau du côté d'A. H.

– Rien, me dit-il.

Je lui racontai ce que m'avait confié Walter.

L'histoire de cet enfant juif, qui, par deux fois, vient aider cette âme en pénitence, l'intrigua.

– Cela me rappelle quelque chose, me dit-il.

– Quoi donc ?

– Ne comprenant pas pourquoi j'avais été, depuis mon plus jeune âge, choisi par A. H. pour recevoir ses regrets et ses souvenirs, je lui ai posé la question. Il m'a alors fait comprendre que « l'amour d'un enfant innocent avait pu le sauver du néant définitif ».

– Pourtant, Mauro, vous n'avez pas choisi de l'entendre ! Vous avez été mis à l'épreuve en quelque sorte.

– J'ai dû, dans mon ingénuité enfantine, affectionner un tant soit peu cette âme perdue. Allez savoir. Il a reçu cette affection comme un cadeau, et cette petite dose d'amour lui a permis de commencer un travail, je pense.

Je trouvais Mauro d'une incroyable bonté. Je ne sais pas comment j'aurais réagi s'il m'était arrivé la même chose, mais, me connaissant, beaucoup moins bien sans aucun doute.

Le chemin du pardon

« Pour pardonner, il faut aimer et être aimé.
Seuls ceux qui pardonnent peuvent être libres.
Quiconque pardonne n'est plus prisonnier. »
JAN-PHILIPP SENDKER, *Un cœur bien accordé*

La saison estivale me donnait des ailes pour sortir et profiter des amis, toujours masquée et à distance, bien sûr, au gré des apéritifs sous la gloriette du jardin ou des pique-niques champêtres. Étrangement, sous le soleil de juillet, cette histoire s'était allégée, et j'y pensais autrement. Je ne savais toujours pas comment j'allais retranscrire ensuite tout cela sans risquer les foudres d'un lectorat qui ne comprendrait peut-être pas mes intentions, mais il fallait que j'aille plus loin dans cette investigation.

Je ne parvenais pas encore à en parler à mes proches, ni à ceux qui attendent de moi que je leur livre un au-delà digne d'un conte de fées. Vivre les mille morts de Walter Höffer m'était devenu insupportable.

C'est un soir paisible, alors que je m'étais assise au bord de la rivière qui coule au fond de mon jardin, que je le sentis se manifester.

– Il est important que vous sachiez tout, me dit-il, comprenant sans doute mon désir de passer outre certains épisodes que je définissais comme scabreux. Je sais que vous n'êtes guère encline à écouter ces récits avec détails et précisions, mais je dois vous les conter.

– Pourquoi ? Qui vous le demande ?

– Ceux qui veillent à votre chemin et votre évolution.

– Et pourquoi ?

– Parce que, lorsque vous aurez compris ce que j'ai à vous dire, vous comprendrez les enjeux de la période que vous traversez.

– D'accord… Nous en étions restés à votre comparution devant ces victimes qui vous regardaient fixement. Que s'est-il passé ensuite ?

– C'est seulement à ce moment-là que, rongé par tant de tourments, j'ai sincèrement regretté ce que j'avais fait. Je n'en ai plus compris le sens, tout me semblait n'avoir été que barbarie et absurdité, alors qu'auparavant ce n'était pas le cas. C'est à ce moment-là que nous sommes prêts pour la demande de pardon. Elle passe par la reconnaissance de l'inutilité et de la cruauté d'une action, et la reconnaissance de la douleur qu'elle a engendrée. Sans cette reconnaissance, si notre cœur reste fermé, toute action d'expiation sera sans effets véritables.

– Vous voulez dire que si un coupable ne manifeste aucun regret, aucune douleur devant les horreurs qu'il a commises, il est inutile de lui suggérer de demander pardon ?

– Absolument. Il faut que chacune de nos actions soit ressentie profondément pour être utile à l'avancement et à la guérison de soi et de l'autre.

– La victime ne peut commencer un véritable chemin de guérison que lorsque son bourreau a compris la gravité et la portée de ses actes ?

– Oui. Que ce soit sur Terre ou ailleurs.

– Comment cela ?

– Je veux dire que dès qu'il y a prise de conscience du mal sur Terre, ou par-delà la mort, la délivrance s'opère sur la victime où qu'elle soit, étant entendu que c'est sur Terre que l'action se révèle plus puissante.

– C'est-à-dire ?

– La demande de pardon de son vivant a un pouvoir de délivrance très important, que ce soit celle que vont vivre le bourreau, la victime, mais aussi les descendants des uns et des autres.

– Vous voulez dire qu'une exaction a des répercussions sur la descendance ?

– Certainement.

– C'est ce que disent les psychogénéalogistes.

– Et ils n'ont pas tort… Chacune de nos actions a des répercussions, aussi infimes soient-elles, sur l'avenir de ceux qui nous succéderont. Chaque fois que nous faisons du mal, nous le faisons à nos descendants, qui le porteront sans en être conscients. Ils en auront les effets indésirables, c'est-à-dire tout ce qui s'exprime à travers les maladies génétiques et les dépressions, sans compter toute autre forme d'anomalies ou pathologies.

– Nous sommes dans le discours chrétien du péché et de ses punitions. Je n'aime pas trop ça !

– Ce n'est pas vous, Patricia, qui décidez des lois énergétiques. Nous n'en sommes pas à choisir ce qui nous convient, nous devons juste comprendre ce que signifie le sens des responsabilités. Être responsable de ses gestes n'engage pas que nous, mais tous ceux qui sont, peu ou prou, liés à nous. Nous faisons partie d'un monde, et notre impact y est bien plus important que nous ne le pensons.

– La demande de pardon réellement ressentie est donc un acte majeur ?

– Pardonner sans tenir compte d'une demande n'a pas de sens, et ne peut être considéré que comme un acte égoïste.

– Comment cela ? Vous trouvez que ceux qui pardonnent librement, à qui l'on n'a rien demandé, sont égoïstes ?

– Oui, car c'est juste une volonté de se distinguer ou de se libérer, sans tenir compte de la volonté de l'autre et de l'impact de son propre geste. L'autre doit être concerné, et s'il ne l'est pas, cela n'a aucune valeur. C'est tout simplement comme confondre indifférence et pardon.

– Je ne vois pas où vous voulez en venir.

– Quelqu'un qui pardonne sans que cela ne lui coûte n'effectue pas un acte de libération, mais exprime une indifférence qui n'a aucune valeur. Pardonner est un acte responsable, quasi douloureux, et ses conséquences sont proportionnellement libératoires.

– Je comprends. Ainsi vous, vous avez demandé pardon ?

– J'ai réussi à ressentir cette nécessité. J'ai tant souffert pour y accéder.

– Et ce pardon vous fut accordé ?

– Pas tout de suite. Mais c'est comme si j'avais tracé un nouveau chemin qui me faisait quitter définitivement le monde de l'ombre. J'accédais à l'antichambre de la Lumière. Je commençais à reprendre mes esprits. Je fus accueilli par des êtres lumineux et me trouvais dans une espèce de centre de réadaptation, je ne vois pas d'autres termes pour le décrire. Des guides extrêmement bienveillants me montraient ce qui se passait sur Terre, dans ma famille.

« Je les voyais tous, et j'assistais à des conversations sur l'héritage que j'avais laissé, je traversais le cœur de mon fils et de mes petits-enfants qui, pour la plupart, ne pensaient pas grand bien de ma personne ou m'avaient totalement oublié. Ce qui était troublant d'ailleurs, car j'avais eu l'impression d'être un grand-père respectable, mais sans doute n'avaient-ils jamais ressenti mon affection. Je voyais ma maison. L'aîné de mes petits-fils l'avait totalement transformée, et s'était débarrassé de tous mes souvenirs. Il ne restait pas une seule photo de moi, pas plus que le portrait qu'un peintre chilien assez coté avait fait de moi. Il s'était donc débarrassé du poids dont il avait hérité et de mon passé, par conviction certes, mais aussi par peur de devoir rendre des comptes un jour. Je les comprenais. De là où j'étais, je les comprenais. J'avais envie de le leur dire, mais ne le pouvais pas. Je ne pouvais pas communiquer avec cette dimension-là, cela m'était interdit.

– Qui peut communiquer avec les siens après sa mort ?

– Il n'y a pas de règlement dans l'au-delà. Tout dépend de chacun. Ceux qui restent sur Terre après leur mort peuvent laisser des traces ou des manifestations fantomatiques, mais ne peuvent pas communiquer avec leurs proches ou toute autre personne encore incarnée. La plupart du temps, cela vient du fait qu'ils ne sont pas conscients d'être passés à un autre état, ou tout simplement ne veulent pas faire savoir quoi que ce soit, de peur d'être expulsés. C'est souvent le réflexe des pauvres âmes qui croupissent dans un lieu abandonné ou qu'elles doivent partager avec des acquéreurs en chair et en os, et qui s'opposent à toute incursion, bienveillante ou non, dans ce lieu. Leur premier réflexe, c'est de protéger leur précarité, cette fausse lumière qui les maintient, hélas, loin de toute sérénité, alors qu'il suffirait qu'elles veuillent prendre conscience et accueillir ce changement d'état.

« Dès qu'elles l'acceptent, elles ressentent immédiatement l'aide qui abonde, des mains qui se tendent. Décider de les voir prend pour certains beaucoup de temps, car il faut avant cela dépasser l'ego et ses chausse-trappes, les fausses excuses et les prétextes. Puis, il y a ceux qui cherchent désespérément une porte de sortie, encore attachés aux complaintes de ceux qu'ils laissent, aux regrets qu'ils ne peuvent dépasser, ou à un attrait majeur pour le matérialisme. Il leur faudra du temps pour s'en séparer. Toute addiction ou habitude bien ancrée ne disparaît pas forcément avec la mort. Il faut comprendre que cela n'est plus nécessaire.

« Il y a ceux qui passent dans une autre sphère, mais qui, pour des raisons qui leur appartiennent, ne vont pas avoir la possibilité de communiquer, voire l'autorisation de le faire. La mort sert à changer d'état et de vision. Un défunt ne peut sans cesse revenir en arrière et s'aligner dans la vision de ceux qui sont restés. C'est à eux de s'élever, ce n'est pas à lui de revenir en arrière.

« Il y a une loi majeure dans l'existence : il faut toujours avancer et évoluer. La stagnation et le retour en arrière ne sont pas conseillés. Parfois, ils sont *coupés* pour quelque temps de l'espace qu'ils viennent d'abandonner pour mieux s'adapter à cette Lumière nouvelle ou parce que, comme moi, ils ont trop de choses à comprendre avant de pouvoir laisser un signe. On vous laisse communiquer quand on sait que cela ne perturbera pas votre avancement, car si nous sommes éternellement reliés à ceux que l'on aime par l'amour, il ne nous est pas possible de communiquer par messages trop souvent avec eux lorsqu'ils sont sur Terre. « Cela ne peut se faire qu'exceptionnellement et pour un temps donné. Nous allons sans cesse à la quête de notre graal, et la voie est infinie.

– Quel est ce graal ?

– Nous-mêmes. Nous allons perpétuellement à notre rencontre.

– Vous voulez dire que le sens de tout cela, c'est la découverte de qui nous sommes ?

– Vous ne connaissez qu'une infime fraction de vous-même, Patricia. Vous pensez vous connaître, mais vous ne savez pas qui est l'être, beaucoup plus vaste, qui a donné à Patricia l'opportunité de naître ici dans les années 1960. Vous venez, comme chacun de nous, de la nuit des temps, et vous avez expérimenté des milliers d'expériences ici et ailleurs.

– Vous parlez de réincarnation ?

– Pas seulement. Parler de réincarnation est trop restrictif. Vous vivez et avez vécu (puisque le temps n'existe pas) ici et ailleurs, et avez exprimé tellement de facettes de vous-même. Ce que vous êtes ici ne définit pas vraiment qui vous êtes. Vous n'êtes qu'un des aspects. On vous demande de choisir et vous choisissez de développer l'aspect que vous devez améliorer. Parfois, nous y parvenons, parfois, nous échouons. Sur notre route se dressent pièges et tentations, si nous les discernons, nous parvenons à accomplir notre mission tant bien que mal, si nous ne travaillons pas notre discernement, nous tombons dans les filets de nos faiblesses.

– Cela aussi me rappelle les leçons de catéchisme !

– Parce que vous êtes chrétienne, mais toutes les religions enseignent les mêmes préceptes : accéder au meilleur de soi. Seulement, pour l'atteindre, le chemin est compliqué. Le monde est matériel, cette matière-là est un leurre gigantesque. Beaucoup tentent, peu y parviennent. Mais faire ce que l'on peut est déjà très important.

– Pourquoi ? Pourquoi ne se souvient-on de rien en naissant ici ? Tout serait plus facile, et nous aurions moins de sceptiques matérialistes, d'incrédules, voire de fanatiques, et d'autres cyniques.

– Vous imaginez-vous avoir le souvenir de tout ce que vous avez été ? Savoir pourquoi vous venez, sans aucune quête, sans aucun mystère, sans avoir à chercher, sans tenter de comprendre et sans illumination ? Ce serait d'un ennui incommensurable, cela ne servirait à rien et n'apporterait pas grand-chose au monde.

« Cette Terre a été le réceptacle de beaucoup d'amour et de beaucoup de monstruosités. Mais chaque époque a ses règles, et les vertus d'un jour deviennent les péchés du suivant, puisque, en fonction des prises de conscience et du mouvement que les pouvoirs ont voulu donner à cette humanité, tout est mouvant et change en permanence, donnant un sens nouveau aux actions. Notre amnésie permet de ne pas nous perdre et de chercher. Qui n'est pas en quête perd sa raison de vivre. Ainsi, certains perdent même le sens sacré de leur existence, ne s'émerveillant même plus d'être là, se plaignant même d'y être. Oui, tout est un choix que vous avez fait il y a bien longtemps, ailleurs, et que vous faites encore aujourd'hui en étant ici.

« Certains s'en souviennent un peu ou en prennent conscience, d'autres ne se posent même pas la question, ce qui ne veut pas dire qu'en prendre conscience rende meilleur ou qu'être agnostique ne permette pas d'accomplir sa mission. L'important est de vivre en harmonie avec les autres.

– Et quand l'humanité devient si difficile à comprendre ?

– L'humanité ne devient pas difficile à comprendre, mais lorsqu'elle a peur et se sent égarée, elle se durcit et devient dogmatique, par besoin de se protéger. Il est plus facile d'accuser l'autre que de se remettre en question. C'est ce que nous avons fait pendant cette guerre-là, mais c'est ce qui se passe depuis que l'homme est arrivé sur Terre. Il nous faut des coupables pour exorciser nos peurs, déverser tout ce que nous n'assumons plus, éliminer cette part de ténèbres en nous-mêmes. Croit-on.

« Il n'en est rien, car dès qu'un coupable est désigné, il nous en faut un autre, et encore un autre, et encore un autre… Coupable de notre souffrance, de nos peurs, de notre égarement. Hélas, tous les “autres” ne suffiraient pas à soulager notre frustration. Il n'y a que nous pour cela, mais il faut un peu de courage et de persévérance. Nous nous plaignons souvent de subir ce que nous-mêmes avons fait subir en d'autres circonstances.

– Qui doit nous mettre sur la voie ?

– La vie sans cesse nous met sur la voie. Nos premiers guides sont nos parents biologiques, ou nourriciers, les tuteurs, les parents que nous nous choisissons. Leur enseignement est important tout comme l'est celui qui est porté par l'amour. L'amour permet aux paroles et aux actes de se frayer un chemin dans la petite réserve qui nous fera tenir durant les épreuves de l'existence terrestre. Le seul problème, c'est que nous ne sommes pas égaux devant l'amour que nous recevons, mais aussi dans notre capacité à recevoir l'amour d'autrui. Un cœur fermé est aussi problématique qu'un cœur meurtri, et dans les deux cas, il faut chercher à dépasser et résoudre les conflits intérieurs que cela génère, et qui peuvent nous transformer en monstres.

– Tous les monstres n'ont pas manqué d'amour ! dis-je alors. Mais il n'en est pas moins vrai que certains sont devenus des prédateurs à l'affût de leurs victimes ! Que faire avec tous ces sociopathes ?

– Avant d'être des monstres, ce sont des malades du sentiment, de l'ego, de la sensation. Nous arrivons tous sur Terre avec une expérience différente. Il n'y a certes pas d'égalité sociale à notre naissance, mais il n'y a pas plus d'égalité spirituelle. Chacun arrive de sa sphère avec une volonté de passer par ici et dans la famille choisie, pour atteindre un but ou dépasser une fragilité. Nous choisissons des parents, aimants ou pas, tout dépend de ce que nous avons à affronter pour retrouver l'amour. Car le seul but ici-bas, c'est l'amour. Il n'en est nul autre. Et si nous le perdons en chemin, nous perdons notre existence.

– Pourquoi perdons-nous si facilement le cap ?

– La matière est un leurre qui vous piège, car elle laisse penser qu'elle peut se substituer au reste. Il n'en est rien. Des vies plongées dans la richesse matérielle et l'apparence se fracassent contre le vide engendré par cette feinte. La matière est juste un accessoire, pas une compensation. Il faut toujours garder à l'esprit ce que nous sommes venus faire ici, et souvent nous sommes venus pour réparer.

– Réparer ?

– Oui, bien sûr. Il faut connaître les incontournables étapes, d'abord on demande pardon, et si notre requête est acceptée avec le cœur, il nous faut penser à la réparation afin que puisse avoir lieu la rédemption.

– Je m'y perds…

– C'est normal, je vous expliquerai une prochaine fois.

La rédemption

« Tout ce qui est fait dans le présent
affecte l'avenir en conséquence,
et le passé par rédemption. »
PAULO COELHO

Entendre parler de rédemption me renvoyait une fois encore à la religion chrétienne et à ses concepts, desquels, je dois le dire, j'avais beaucoup entendu parler sans vraiment y réfléchir. Le jeune âge durant lequel je prenais mes cours de catéchisme y était sans doute pour quelque chose, séances pendant lesquelles je passais beaucoup plus de temps à m'amuser avec les copines qu'à méditer sur ces notions essentielles. La communion solennelle était une manière de faire partie d'un groupe, d'une communauté puis, avec l'adolescence, j'ai abandonné messes et dévotions. Je me rendais compte que Walter me ramenait sans cesse à ces idées, et qu'il allait falloir m'y replonger pour en comprendre le sens.

Je suis médium, mais j'ai lâché depuis longtemps la religion, alors que les communications que je reçois m'ouvrent à une spiritualité, surprenante et tellement logique.

Je venais de comprendre qu'il fallait attendre une demande de pardon pour l'accorder… Ou pas. Que se passait-il lorsque nous n'étions pas pardonnés ? Pouvions-nous initier un chemin, ou devions-nous renoncer à un quelconque salut ? Toutes les erreurs que nous commettons sont-elles pardonnées de la même façon, en fonction de leur gravité ?

Voler un pot de confiture et tuer quelqu'un sont-ils pardonnés avec la même efficacité, ou devons-nous expier indéfiniment lorsque nous avons pris une vie ? Voilà les questions que je devais poser à Walter !

En attendant de le retrouver, j'accueillis le coup de fil de Mauro avec plaisir. Sa gentillesse et sa simplicité étaient un vrai bonheur. Son regard sur le monde était toujours aiguisé et lucide, alors que son expérience médiumnique aurait pu lui faire perdre tout sens commun ou le « percher » au-dessus des réalités quotidiennes. Il n'en était rien. Il parlait avec la même passion de politique, de cinéma, de musique ou de gastronomie. Je lui narrai mon dernier échange avec Walter et son exposé sur le pardon.

Je lui demandai si A. H. lui avait exprimé cette idée dans les divers contacts qu'il avait eus.

– Il n'en est pas là ! me dit-il. Nous sommes encore loin de cette requête. Je crois qu'il en est juste à la prise de conscience de ses erreurs. Mais la demande de pardon, non, ce n'est pas pour tout de suite.

– Vraiment ? Vous le ressentez ainsi ?

– Oui. Absolument. Il reste malgré tout autocentré. Il voit le désastre de ses pensées, les ravages de ses actes, mais je ne sens pas encore ce désir d'aller vers ses victimes.

Donc, Walter avait raison. Il fallait du temps avant d'accéder à des états de conscience qui permettaient l'élévation.

– Aujourd'hui qui pourrait envisager d'accorder son pardon à ce type ? Pas moi.

– Nous n'en avons pas l'autorité, dit Mauro, beaucoup plus nuancé. Ce ne serait pas à nous de le faire.

– Un peu quand même, dis-je. Une grande part de l'humanité a été touchée par sa folie. Cela regarde un peu tout le monde. Certains protagonistes sont très âgés, mais encore vivants, quant à leurs descendants, ils portent leurs blessures.

– Ce n'est pas tout à fait faux. Mais ce n'est pas d'actualité. Je pense qu'il est bien plus intéressant d'écouter Höffer et ce qu'il a à nous en dire.

Mauro était très impliqué dans cette histoire. Il sentait que son salut personnel en dépendait, même s'il ne comprenait pas pourquoi.

Il me semblait que durant cette période de communication avec Walter Höffer, des images, des films et des documentaires sur le sujet de l'occupation allemande s'imposaient plus que de coutume à mes yeux, partout où je les posais. Les informations affluaient dans une synchronicité époustouflante, j'appris même que la maison dans laquelle je vis depuis plus de trente ans avait servi de quartier général aux Allemands et avait été réquisitionnée pour devenir une *Kommandantur* pendant quelques semaines.

Parmi toutes les sollicitations publicitaires que je recevais sur mon téléphone, l'une retint particulièrement mon attention.

Netflix m'invitait à visionner un documentaire sur Oskar Gröning, le « comptable » d'Auschwitz, dont le rôle, en tant que sergent SS, était de voler et compter l'argent des juifs qui allaient être exécutés. Des faits horribles, évidemment, mais cet homme-là s'était marié et avait mené une vie normale après la guerre, bon mari, bon père de famille, jusqu'à ce que, à 94 ans, il soit arrêté et jugé pour « complicité de meurtre de 300 000 juifs ». L'Allemagne avait fermé les yeux sur lui, comme sur bien d'autres après la guerre, de peur d'être obligée de juger des hommes occupant désormais des fonctions importantes dans l'organisation du nouvel État allemand.

Était-ce trop tard ?

Traditionnel débat en de telles circonstances pour savoir si traduire un vieillard de 94 ans devant un tribunal n'était pas devenu inutile. Je regardais ce film avec intérêt, observais le vieil homme qui n'avait plus l'air de se sentir concerné, même s'il reconnaissait que tout cela avait bien eu lieu et qu'il avait une responsabilité morale. « Je me sens coupable par rapport au peuple juif d'avoir été membre d'une armée qui a perpétré ces crimes, mais sans que j'en sois l'auteur », confiait-il à un journaliste du *Spiegel*. On le sentait distant, et à aucun moment il n'exprima un quelconque regret ou ne demanda pardon aux victimes rescapées qui avaient tenu à être présentes. C'est alors que je vis une scène qui me toucha profondément.

Eva Mozes Kor, une survivante de la Shoah, victime des expérimentations médicales de Josef Mengele, s'approcha d'Oskar Gröning pour lui dire qu'elle lui pardonnait comme à tous les nazis. Elle avait fait de même avec Hans Wilhem Münch, ancien « médecin » d'Auschwitz, après qu'il eut été acquitté des accusations de crimes de guerre portées contre lui en 1993, et l'avait invité à se rendre avec elle sur le site d'Auschwitz où elle lui fit signer un document sur lequel il reconnaissait l'existence des chambres à gaz. En 2017, elle annonça dans une vidéo qu'elle avait pardonné à son bourreau, le sinistre Josef Mengele.

Je regarde cette scène à la fin du procès d'Oscar Gröning, où un micro capte les mots qu'Eva adressa au vieil homme :

– Je vous pardonne, comme j'ai pardonné à tous les nazis. Le régime nazi n'a pas marché. Partagez cela avec la jeunesse, Monsieur Gröning.

Le vieil homme la regarde, surpris, la prend par le cou et l'embrasse, suscitant l'indignation générale des autres survivants, qui se sentent blessés par ce geste. Elle y répond :

– Ils me traitent de traîtresse et m'accusent de parler en leur nom. Je n'ai jamais fait ça. Je le fais pour moi-même. Je ne le fais pas parce qu'ils le méritent, mais parce que *je* le mérite.

Je suis partagée entre l'admiration que j'éprouve pour cette femme, et la perplexité devant la réticence de ces coupables à demander pardon et à regretter ce qu'ils ont fait. Je comprends mieux ce geste auguste, en écoutant Eva Mozes Kor dire face à la caméra :

– J'ai ainsi éliminé tout ce que j'ai supporté. Le meilleur moyen de vaincre un ennemi est d'en faire un ami. J'ai vaincu Oskar Gröning en faisant de lui un ami.

Je suis profondément touchée par ce que cette femme a réussi à dépasser pour se libérer du fardeau des souffrances endurées dans son enfance dans les camps. C'est à la fois merveilleux, mais aussi d'une grande naïveté de penser que ces hommes changent par magie lorsqu'ils sont pardonnés sans l'avoir souhaité. Mais pour Eva, sans doute était-ce un merveilleux moyen de panser ses plaies dans l'amour. Combien c'est difficile, mais louable.

J'apprends que lorsqu'Oskar Gröning a été condamné à quatre ans d'incarcération à l'issue du procès qui se tenait en

Allemagne, elle a demandé que sa peine soit commuée en service civique. Nous sommes aussi dans le « pardonner à tout prix » qui fait réfléchir. Oui. Je suis d'accord avec Walter, il faut être deux pour le pardon.

Mais après ? Comment se racheter ? Comment réparer ?

La question est délicate. Me revient à l'esprit une autre histoire, qui m'avait marquée à l'époque où je travaillais à la radio et que j'avais rencontré un écrivain nommé Jean-Claude Snyders, auteur de *Père et fils*, un récit autobiographique qui a reçu en 1994 le prix de littérature générale de l'Académie française, dans lequel il raconte comment la génération des enfants nés de victimes des camps de concentration a toujours eu peur de blesser ces parents endoloris, et comment ces parents n'ont jamais parlé des camps à leur descendance, de peur de leur inculquer le dégoût du monde.

Vaste problème, et à l'occasion de cet entretien radiophonique, Jean-Claude Snyders me raconta comment des rencontres entre survivants de la Shoah avaient eu lieu bien des années après la guerre, dans un besoin d'échanger et de panser cette insupportable mémoire. Je ne me souviens plus dans quelles circonstances exactes ces échanges avaient lieu, mais je sais qu'ils se tenaient discrètement dans quelque hôtel parisien. Je regrette aujourd'hui d'en avoir occulté les détails, mais il me parla d'un homme qui se tenait près de la porte, et s'animait pour servir les boissons. Il ne disait rien, restait en retrait, mais se tenait à la disposition des intervenants, à chaque réunion de ceux-ci.

Après quelques rendez-vous, ils s'aperçurent qu'il était toujours là, silencieux et serviable, mais que personne ne le connaissait.

Quelqu'un de l'assistance l'aborda un jour pour lui demander qui il était. Il répondit qu'il était allemand, qu'il avait combattu dans l'armée allemande pendant la guerre, mais qu'il se sentait tellement coupable et en pénitence, qu'il les priait de le laisser les servir et rester à leur disposition. Ils furent surpris et le laissèrent continuer sa discrète mission. Ce récit m'avait frappée à l'époque, et je n'imaginais pas combien le moindre acte apparemment anodin pouvait contribuer à l'expiation, et donc la rédemption de certains.

La rédemption n'est guère à la mode dans notre société. La mise au ban est plus répandue, faisant en sorte d'oublier celui ou celle qui n'est plus en odeur de sainteté. D'ailleurs, on ne s'occupe pas de savoir ce que deviennent les assassins, les escrocs, les imposteurs et autres humains jugés indésirables. Porter à nouveau un regard sur eux, c'est comme trahir leurs victimes. Voilà ce qu'ont ressenti les rescapés de la Shoah, témoins de la partie civile du procès d'Oskar Gröning : une trahison.

Un acte de pardon peut être comparé à un acte de trahison. Je décidais de m'en ouvrir à Walter lors de sa prochaine visite.

Il y a urgence à repenser ce monde

« L'enfer est vide, les démons sont ici. »
WILLIAM SHAKESPEARE, *La Tempête*.

Walter, bien que n'étant jamais très loin de moi, ne se manifesta pas pendant plusieurs jours, préférant sans doute me laisser réfléchir. Ce soir-là, il se matérialisa, revêtant son apparence de gentil vieillard retraité argentin. Son arrivée était toujours nimbée d'une énergie fantastique, et sans cesse plus lumineuse. Je compris que c'était moi qui m'ouvrais toujours plus à sa lumière.

– J'ai plein de questions à vous poser, Walter.

Il sourit et me dit :

– Je sais. Mais avant cela, il faut que vous compreniez pourquoi je suis venu vous parler de tout cela. La question n'est pas de savoir si l'on peut ou l'on doit pardonner à des âmes perdues. Il vous faut comprendre le fonctionnement de l'évolution spirituelle avant de vous laisser entraîner dans un inopportun « référendum » personnel. Quand j'ai eu un pied dans cette Lumière bienfaisante, qui m'a fait comprendre le mal que j'avais fait ou dont j'avais été complice, ce qui revient au même, on m'a fait comprendre qu'avant de vivre cette existence-là, en Allemagne, j'avais fait du bien, beaucoup de bien dans une vie précédente. J'avais évolué dans un sans-faute et j'étais parvenu à dépasser mes fragilités affectives. Je ne suis pas un démon venu des limbes pour semer la terreur, je suis un homme qui s'est fait endoctriner, qui a permis cela, sans doute parce que suivre aveuglément une doctrine, même la plus barbare, permet d'oublier ses propres déficiences affectives. Un manque d'amour, un manque de reconnaissance, une vie trop dure portent parfois à s'échapper dans des dogmes inhumains. Ils deviennent inhumains quand ils s'attaquent à la vie et à l'intégrité d'autrui. La Création, Dieu, le principe absolu n'ont jamais demandé à quiconque de supprimer une vie. Chaque forme de vie que vous anéantissez volontairement est une croix sur le tableau de votre conscience. Et il faudra en rendre compte, que vous le croyiez ou non.

– À qui ?

– D'abord à vous-même.

– La guerre, c'est mal, l'amour, c'est bien. Nous le savons, Walter. Le thème en semble même bien éculé.

– Pas tant que cela, puisque vous continuez sans cesse à faire le mal, et parfois à votre insu.

– À notre insu ?

– Depuis que l'homme est sur Terre, il s'y est battu, a torturé et tué en mettant à profit une imagination débordante. On peut se demander d'où vient cette barbarie, que même des enfants parviennent à improviser avec facilité. Toute cette violence a laissé une empreinte, comme un nuage au-dessus de votre tête, et plus vous faites du mal, le pensez ou le dites, plus vous alimentez ce nuage. Les empreintes des massacres, génocides, tortures en tous genres, ont alimenté les espaces dans lesquels vous évoluez, et vous insufflent leur influence en permanence. Vous baignez dans de cruelles mémoires qui ne vous laissent aucun répit. L'amour sincère n'est pas assez répandu pour rivaliser avec ce potentiel négatif que chaque humain développe.

– Pourquoi ? Pourquoi l'amour est moins répandu ?

– Parce qu'il faut y travailler sans cesse. Les pensées toxiques sont, hélas, plus faciles à produire que les pensées positives et constructives, parce qu'elles représentent tout ce que nous devons éveiller, élever, élaborer. Elles sont immédiates et il suffit que, dans notre petite enfance, nous soyons confrontés à la violence, pour que nous répondions en puisant dans cette réserve de violence qui dort au fond de nous. Nous envions la Lumière, mais souvent nous ne nous rendons pas compte que les chemins que nous prenons ne nous y mènent pas, accrochés à cette fausse lumière dont je vous ai déjà parlé. On a envie d'être bon, de faire le bien, mais toujours dans l'attente d'une contrepartie. Cela ne fonctionne pas comme cela. Nous mêlons intérêt et pouvoir à toutes les actions humanistes que nous entreprenons, et c'est bien cela qui fausse le déroulement de notre mission.

« Mais ce qui est le plus important, et c'est là que je veux en venir, c'est que toutes ces âmes perdues, dangereuses, renégates, que nous avons bannies après leurs méfaits, sont soit restées sur le plan terrestre sans jamais le quitter, errant dans des espaces qu'elles partagent avec vous et vous transmettant leurs angoisses et leurs idées perverses, car, à ce stade-là, elles n'ont jamais évolué ; soit en restant bloquées dans ces dimensions de ce que vous nommez le *bas astral*, qu'elles quittent aisément quand vous appelez ingénument cet au-delà, dès que vous désirez communiquer avec lui dont vous ne comprenez pas le fonctionnement. Votre curiosité imprudente continue d'alimenter cette malfaisance qui se présente sous forme de lumière. C'est ainsi que ces âmes vous pervertissent, en se présentant comme des sauveurs, ou des personnes que vous avez aimées.

– Le mythe de Méphisto ?

– En quelque sorte. Le fameux « diable » est toujours dans la séduction pour piéger ses victimes. Méphisto, ce prince de l'enfer sur Terre, et dont la littérature a largement usé, utilise la flatterie, la séduction et la tromperie. Les âmes perdues, les âmes du mal utilisent les mêmes pièges et prennent beaucoup de victimes dans leurs filets, parce que chacun a besoin d'être aimé. Lorsque l'on ne trouve pas cet amour dans son environnement proche, on est prêt à croire tout mensonge, toute fausse lumière.

– En quelque sorte, toute âme qui reste coincée sur notre plan et les plans voisins n'est pas positive pour nous.

– Non. En continuant d'irradier leur peine, sans pour autant demander de l'aide pour s'en dégager, ces âmes contribuent à nous maintenir nous aussi dans cette peine, mais sans que nous en soyons conscients.

– Mais comment pouvons-nous les aider, du moins celles qui le demandent ?

– Certes, si la demande est sincère, nous contribuons alors à les guider vers la Lumière, à nous de discerner si c'est le cas.

– J'ai la sensation que vous nous expliquez que tout est piège !

– Non, tout n'est pas là pour vous piéger, mais pour constater l'état de votre discernement, de votre prise de conscience.

– Sommes-nous tous capables de guider les âmes errantes vers la Lumière ?

– Bien sûr ! Avec cette force que nous appelons l'amour. Nul n'est besoin de grands discours ou de rituels compliqués, la seule intention sincère que vous destinerez à celui qui en a besoin le portera vers la Lumière de sa conscience. L'amour est l'unique puissance, car au bout du chemin, aucun pouvoir, hormis celui-ci, n'a une quelconque influence. Il faut ainsi apprendre à reconnaître l'amour que l'on distille, l'élan du cœur dénué de volonté de profit ou de contrepartie.

– Qu'est ce qui nous amène à tant perdre le fil de cet amour inconditionnel ?

– La peur. C'est elle qui est la cause de la torture et de l'oppression. La violence naît d'un vide intérieur, d'une carence qui, au lieu de nous pousser à nous élever et à comprendre, détruit ce qui l'entoure dans le but de trouver une affirmation de soi. On n'y trouve bien sûr que néant et désespoir.

– Mais nombreux sont ceux qui vont vers cette conscience lumineuse après leur mort, n'est-ce pas ?

– Ils sont innombrables, et heureusement. La Terre est un espace où l'on vient réparer, ou aider à réparer, il faut bien comprendre cela.

– Oh ! Voilà qui est intéressant, dis-je. Expliquez-moi.

– Vous le savez, les espaces ou dimensions dans lesquels nous pouvons évoluer sont infinis. Le passage sur cette planète est essentiel pour la rédemption, c'est-à-dire pour apprendre à réparer. Que ce soit ceux qui viennent pour enseigner ou pour expier, c'est une étape essentielle sur notre chemin. Aussi, toutes les âmes n'y passent pas forcément.

– Et moi, je suis venue faire quoi ?

– Vous êtes venue enseigner par notre intermédiaire et réparer, comme la plupart de ceux qui passent. L'interaction entre toutes les existences terrestres est essentielle à cela. Nous réparons, par le moindre des petits gestes de notre quotidien, le moindre de nos choix en conscience, et nous enseignons par ceux-là même. Rien n'est anodin. La Terre est un lieu de mixité, où tous les destins sont mêlés et doivent accomplir une réparation, la plupart du temps inconsciente, ce qui en accroît la valeur.

– Comment cela, inconsciente ?

– Encore une fois, si nous étions conscients de tout ce que nous avons accompli avant d'être incarnés sur Terre, et de là où nous devons aller, notre vie serait uniquement focalisée sur ce dessein, faisant fi du reste.

Le fait que nous ne sachions pas ce que nous sommes venus y faire nous permet de prêter attention à l'« autre », et d'être attentifs à tous les signes que nous croisons durant notre existence, rendant nos choix, justifiés ou non, importants. Les erreurs que nous avons faites doivent être profondément ressenties, pour mieux être dépassées. Les réparations que nous effectuons ici, quelle que soit leur nature, sont essentielles pour la suite de notre avancement.

– Quelles sont ces réparations ?

– Elles sont multiples, variées, et surtout inhérentes au parcours de chacun. Chacun vient avec une mission différente. Mais il est certain que nous venons avec un but précis, que nous oublions bien vite dans le ventre de notre mère.

– Tout est prévu, n'est-ce pas ? La famille, le contexte que nous choisissons et le destin que nous devons assumer ?

– Oui. Rien n'est laissé au hasard. Il faut savoir qu'en fonction de ce que nous sommes venus faire ici, il n'y a pas de punition, de châtiment. La valorisation d'une condition est très relative. Puisque nous parlons de la matière, un milliardaire peut vivre une vie détestable et sans amour, et celui qui n'a rien être comblé par l'amour d'une famille et d'amis. Le leurre de la matière, c'est d'inverser les valeurs. Nous choisissons ce qui est nécessaire à notre parcours. Toute l'intention que nous allons insuffler au sens de notre existence est ce qui va compter. Faire de son mieux reste la règle.

– Mais alors, que faire de toutes ces âmes perdues qui restent indéfiniment coincées dans notre dimension et obscurcissent notre horizon ?

– Je vais y venir. C'est bien pour cela que je suis venu vous parler. Il va falloir changer cet état. Si je suis arrivé à cette période, c'est que le grand changement annoncé depuis longtemps a été initié. C'est un changement d'énergie, de forces en présence, et bientôt de vision des humains vivant sur cette planète. Outre le fait que la Terre vit physiquement un changement de cycle, un changement d'ère est en train de s'imposer à toute l'humanité. Avec ce nouvel ordre des choses, vous commencez à en éprouver le bouleversement qui provoquera une sorte de chaos pendant quelque temps, puis donnera naissance à une vision nouvelle qui tendra à améliorer l'équilibre humain, en en changeant les systèmes et en permettant à un plus grand nombre d'âmes de passer par cette Terre pour évoluer.

– Plus d'âmes ?

– Oui. La population va s'accroître, car nombreux sont ceux qui viennent et reviennent pour réparer et continuer d'évoluer. Certains ne sont jamais venus ici, d'autres reviennent expérimenter, et tous arrivent avec leur expérience, leurs croyances propres, mais avec le même but. La difficulté est la cohabitation, c'est bien pourquoi ce passage est important. Ces arrivées massives de nouvelles âmes vont provoquer des tensions sur l'espace terrestre, jusqu'à ce que chacun permette à l'autre d'avancer dans sa voie. Afin d'alléger ces coexistences, il va être nécessaire de faire passer ces nombreuses âmes qui sont bloquées depuis si longtemps. Je ne parle pas seulement de celles qui, comme moi, ont fait un mauvais choix pendant la guerre entre 1939 et 1945, mais de toutes celles qui sont restées coincées sur votre plan depuis le début des temps.

– Mais c'est énorme ! dis-je. Ce sont des milliards d'individus !

– Certes, mais je vais vous surprendre. Tout dépend de l'état de la conscience dans chaque existence. Beaucoup de guerriers et d'assassins sont passés dans la Lumière, en des temps où éliminer un être de chair et d'os n'était pas considéré comme une erreur.

« Je m'explique : chez les peuples qui offraient à leurs dieux une vie humaine, on ne considérait pas que c'était une erreur, puisque l'on n'était pas conscient que tuer était une erreur. À partir du moment où vous prenez conscience que la création ne permet pas de sacrifier une vie et que vous continuez de le faire, alors vous aurez des comptes à rendre. C'est ainsi. Tout fonctionne avec l'état de votre conscience. Lorsque vous savez, vous ne pouvez plus faire semblant de ne pas savoir.

Je restai pensive, et assez interloquée par toutes ces explications d'une logique implacable qui devrait nous illuminer sans cesse.

L'état de nos pensées et de notre conscience est donc ce qui va décider de notre avènement, *post mortem* ou pas, dans la grande Lumière ? Si je considère que je ne la mérite pas, à cause d'une parole blessante que j'ai prononcée, alors je peux m'interdire l'accès à cette conscience absolue.

– Vous Walter, vous saviez que ces exterminations étaient odieuses n'est-ce pas ?

– Oui. Je le savais, mais je me mentais, pour être « reconnu ». Qui, pour moins que cela, est prêt à se renier et se mentir ?

Je remerciai Walter pour sa compagnie et décidai d'aller me reposer, prête à le retrouver les jours suivants pour continuer cette conversation. J'avais envie de savoir ce qu'il allait m'annoncer en ce qui concerne la crise que nous vivons.

Le lendemain, je téléphonai à Mauro pour lui raconter mes échanges de la veille. Il me rapporta un message, reçu également la veille dans l'après-midi, de la part de A. H.

Quelle merveille cet amour humain.

L'amour humain transcende l'être sur Terre, comme la haine peut l'imprégner, ainsi, seul l'amour peut purifier l'homme de sa contamination par la haine.

J'ai besoin de cet amour, parce que j'ai haï, tant, trop, au-delà de toute limite.

J'ai été sauvé parce que j'étais bien dans l'erreur, et si j'avais su, si j'avais raisonné sans me laisser influencer, je n'aurais jamais commis ce que j'avais annoncé.

Voilà. C'est tout.

Mauro hésita et me demanda une faveur.

– Pourriez-vous demander à Walter pourquoi je canalise les messages de Hitler ? À tel point que j'ai cru en être la réincarnation. Je voudrais être sûr.

– Je demanderai, répondis-je à Mauro.

Le grand dessein

« Nous allons tous mourir,
chacun d'entre nous, quel cirque !
Cela seul devrait nous faire aimer l'autre,
mais ça ne fonctionne pas.
Terrorisés et aplatis par des futilités,
nous sommes dévorés par rien.
CHARLES BUKOWSKI

Si, au début de nos rendez-vous, j'étais réticente à l'idée d'écouter Walter, je devenais, avec le temps, impatiente de le retrouver. J'étais imprégnée par cette histoire, et ma vision du monde s'était modifiée. J'avais envie de savoir ce que nous devions faire avec cet amas d'âmes en errance ou négatives que nous, médiums, percevons souvent, certains, ne sachant pas comment les considérer, préférant en nier l'existence. Pourquoi ces esprits se réveillaient maintenant, pourquoi faisaient-ils parler d'eux maintenant, dans le grand bouleversement que nous vivons ?

Que devions-nous faire, nous, humains, de tout cela, les histoires passées et présentes ? Quel était notre impact sur la façon de changer les choses ?

Ce soir-là, Walter, n'apparut pas physiquement, mais il communiqua avec moi par l'esprit. Je préférais le voir pour l'écouter, et il vint à moi sous une forme plus brumeuse mais malgré tout reconnaissable. Je lui demandai pourquoi il n'était pas plus matérialisé, et il me fit savoir que mon énergie n'était pas suffisante, me rappelant que tout cela dépendait des facteurs physiques et conditions climatiques nous environnant. Je lui posais alors ma première question :

– Qu'attendez-vous de nous ?

– Nous espérons que les grands changements actuels vont continuer d'ouvrir les champs de conscience, car vous allez avoir besoin de cette conscience pour avancer désormais. Le basculement que vous vivez met en relief toutes les injustices et discriminations de l'Histoire, à tel point que la façon dont elles s'expriment peut parfois paraître exagérée, tant le sentiment qu'elles procurent est exacerbé.

« Tout ce qui a été supporté comme humiliation, exploitation, frustration, est dévoilé et exprimé, non seulement au nom des victimes actuelles, mais aussi de celles du passé. Cette exacerbation des condamnations trouvera son équilibre dans l'avenir, lorsque tous les bourreaux sentiront le danger de commettre une infamie. Tous ceux qui sont en attente dans les espaces subtils de l'après-mort doivent passer un palier. On ne peut plus subir leur énergie, que ce soit en veille ou en part active, dans l'ombre. Durant les soixante-quinze dernières années, vous n'osiez même plus mentionner le nom de Hitler car il représentait le bourreau suprême, lui qui avait industrialisé, pour la première fois, l'élimination de masse d'êtres humains. Mais les bourreaux de ce genre sont innombrables depuis que l'humain est arrivé sur notre planète. Et il faut désormais les aider à s'extraire de ces culs-de-basse-fosse vibratoires qui imprègnent et influencent notre monde. Nous sommes sous la coupe de morts auxquels nous n'avons pas envoyé notre aide. Nous sommes sous la coupe de ceux qui ont manqué de prières et ont fini par se nourrir de notre détestation. Il va falloir les extirper de là et les aider à partir. Il faut reconsidérer notre façon de distribuer cette énergie d'amour, en la travaillant au quotidien. Plus nous allons travailler à vibrer différemment, moins ces âmes trouveront d'excuses pour rester, et plus nous leur permettrons de s'élever. Lorsqu'une âme s'élève, elle nous élève. Les religieux, moines, de toutes confessions prient autant pour les victimes que pour les bourreaux, mais cela vous est difficilement concevable. Il vous faudra apprendre à envoyer vos pensées autant au bourreau qu'à la victime, pas pour les mêmes raisons, mais afin d'obtenir le même effet, pour que ce monde soit libéré des traces de leurs crimes. Il vous faut avancer pour permettre la rédemption de ceux qui auront le choix. Le rachat imposé n'est pas aussi efficace que celui qui est choisi et exécuté avec foi.

– Comment peut-on se racheter, lorsqu'on est l'auteur d'un massacre ?

– Souvent, le rachat est décidé et programmé après la mort physique du coupable, qu'il passe dans des sphères lumineuses, qu'elles soient de Lumière noire ou blanche, avec son accord et en conscience. La Lumière noire est celle d'un monde intermédiaire où l'on transite pour reconnaître nos fragilités et commencer à s'en libérer. Pour ceux qui restent sur terre, se racheter est difficile, car ils sont freinés par l'émotion et la vindicte populaire. Mais certains le font, discrètement et avec foi.

– Les descendants d'un meurtrier peuvent-ils participer au rachat des crimes de leurs aïeux ?

– Ils le peuvent. Ce n'est qu'une participation destinée à libérer la lignée.

– Mon arrière-grand-père a commis un crime passionnel en 1912. Se pourrait-il que je l'aide à racheter son crime ? Sa condamnation au bagne a-t-elle été suffisante ?

– Dans la spiritualité, si le coupable éprouve un véritable remords durant son emprisonnement, il peut contribuer au début de son rachat. S'il n'éprouve rien, c'est une valeur pénale, mais aucunement spirituelle. Rien n'est résolu, puisque tout doit se passer dans la vérité du cœur.

– Je pense que cet arrière-grand-père, qui est venu vers moi afin de demander de l'aide il y a quelques années, est en cours de progression là où il est, mais je posais la question de savoir comment je pouvais l'aider à racheter ce crime en tant que descendante.

– En prenant contact avec les descendants de la victime, tout simplement. Si les lignées le faisaient plus souvent, dans un espoir de pacifier les descendances, ce serait très efficace.

– Évidemment, le plus difficile, c'est d'attendre que les passions s'apaisent pour devoir le faire, j'imagine mal les deux familles, celle de la victime et celle de l'assassin, se prendre dans les bras après une tragédie.

– Vous faites erreur, dit-il, répondant à ma pensée. On ne demande pas du spectacle, mais juste une présence auprès des victimes, ce qui requiert beaucoup de courage car il faut bien savoir que les parents et la famille d'un criminel font également partie des victimes. Puis il faut laisser faire le temps, l'énergie et l'espace, car lorsque vous initiez une démarche, tout s'active dans l'invisible.

Que de notions à comprendre, à assimiler, pour continuer cette route qui, il faut bien le dire, s'est repliée pour beaucoup dans l'ego et l'individualisme.

– Que s'est -il passé pour vous, Walter ? Comment se fait-il que vous soyez devenu cet interlocuteur porté par la Lumière ?

– Je suis là pour vous montrer que tout est possible. Je fus admis seulement parce que je savais, j'avais compris, et que je regardais désormais tout ce à quoi j'avais participé comme étant une ignominie. Je dois beaucoup travailler, et le premier labeur que l'on m'a confié est la protection des vivants incarnés. Vous le savez, cette mission est confiée à des esprits que vous appelez « anges gardiens » et qui doivent montrer combien ils sont attentifs au bien-être physique et moral des humains que vous êtes. Ils ne le peuvent que par l'amour, et c'est le degré d'amour qu'ils déploient qui détermine leur aptitude à progresser sur le chemin.

– Comment êtes-vous venu jusqu'à moi ?

– Le fait que vous soyez plus disponible pendant cette période vous permettait de m'écouter attentivement, et de comprendre parfaitement l'urgence qu'il y a à repenser le monde. Voilà des années que vos guides vous transmettent des messages sur ce qui va arriver. Nous y voici. Il va donc falloir comprendre comment procéder pour traverser ces quelques années qui viennent.

– Années ?

– Oui, cette transition va durer un peu. Pour l'instant, vous vivez difficilement sous le joug d'un virus, mais cela disparaîtra, vous laissant en pleine réflexion sur la métamorphose qui s'est opérée en vous. Certains s'en rendront compte, d'autres non, mais il va falloir affronter ces grandes transformations avec sérénité. Le passé va s'effacer plus vite encore, mais il va falloir en retenir les enseignements et les utiliser.

« Il y aura de plus en plus de phénomènes climatiques dont vous n'avez pas l'habitude, et le réchauffement de la planète va s'accroître. Tout cela impactera votre manière de vivre, mais vous ferez appel à toute l'expérience que vous avez accumulée. Il faudra développer beaucoup plus l'instinct, et ne pas constamment faire appel aux forces de l'invisible, qui pourront certes vous seconder sans interférer sur ce qui adviendra. Beaucoup quitteront cette Terre, malades ou pas, jeunes ou vieux, car ils n'ont pas prévu de vivre la suite sur le même plan que vous. Leur nombre sera plus important que d'ordinaire. Si vous vivez cette période, c'est que vous avez choisi de le faire. Vous devez donc trouver la force pour aborder une nouvelle société. Elle ne sera ni meilleure ni pire, elle sera à votre image. Ne restez pas passif, en critiquant ce qui vous est imposé, mais faites des choix de vie, où vous sèmerez les valeurs que vous souhaitez développer. Restez dans l'introspection sans cultiver l'égoïsme, et tolérez d'écouter des avis, même s'ils sont contraires aux vôtres. Ceux qui ne pensent pas comme vous n'ont pas forcément tort, ils sont juste différents. Tant que la liberté d'être n'est pas mise en danger, vous pouvez vous adapter à tout.

« Seul ce qui blesse et qui entrave autrui est à proscrire. Soyez unis sans être dans un réflexe grégaire, soyez vous-mêmes en vivant avec les autres. Vous ne pouvez pas faire fi des autres. Vous avez besoin d'eux comme ils ont besoin de vous. C'est dans leurs yeux que vous verrez l'estime que vous vous portez, ne les méprisez pas, mais aimez-les, tout en imposant vos limites.

– Est-ce que lorsque je passerai de l'autre côté, je pourrai devenir ange gardien, moi aussi ?

– Certes. Vous le fûtes déjà. Vous avez grimpé des échelons, comme beaucoup, et avez chuté plusieurs fois à cause de l'ego, comme nous tous. Ne croyez pas que votre évolution soit linéaire et sans accroc. L'ascension est difficile. Dire que l'on est un saint provoque déjà la descente. Les saints eux-mêmes n'en étaient pas forcément tant qu'ils vivaient sur Terre. Ils ont dû y travailler, et longtemps.

– Rien n'est donc spontané. Il faut toujours y travailler ?

– Toujours. Ne pas se laisser aller à la facilité, et faire en sorte que notre vision devienne naturelle. Certains naissent plus informés, d'autres apprennent plus rapidement, mais tous peuvent accéder à cette ouverture de la conscience. Les saints eux-mêmes, qui sont vénérés aujourd'hui, sont là pour être invoqués, pour aider à garder la bonne direction. Leur vie est souvent un exemple. Invoquer les bons saints, un animal totem, Bouddha, les panthéons déistes ou les symboles universels, sources d'énergie lumineuse, est le meilleur moyen de trouver de l'aide en soi. Ce n'est pas une question de croyance, cela fonctionne. En cette période épidémique, où chacun cherche le moyen de survivre, les sources d'énergie sont les bienvenues. Il faut y puiser la force de continuer. L'aventure humaine cache bien des ressources.

– Que peut-on dire de ceux qui se sentent loin de la spiritualité ?

– La merveille de cette existence, c'est que nous sommes libres de chercher ou pas. Certains ne se posent pas la question de l'après-vie, voire des prodiges de la conscience. Prêcher ne sert pas à grand-chose si nous ne sommes pas en quête. Nous ne sommes pas là pour contraindre, mais pour accueillir. Rien de plus désagréable que d'entendre parler de choses que l'on méconnaît, qui nous font peur et dont le langage nous paraît bien étrange. L'ouverture de la conscience ne veut pas dire parler ou exposer ses croyances et convictions, mais les vivre. Beaucoup préfèrent garder ces choses pour eux-mêmes, par pudeur. Vivez chaque chose en votre cercle, tant que vous n'êtes pas des prédicateurs, vivez-les dans votre cœur.

– Je prends note de ce que vous me dites, c'est très beau, mais en théorie. Car dans ce monde, avec la Covid, la crise économique et tout ce qu'elle fait perdre, prêcher le bonheur et la bonne humeur revient à s'exposer à l'agressivité et à la colère. Elles sont omniprésentes, beaucoup se sentent malades et perdus.

– Oui. Tout cela est normal dans le changement qui advient. La vision va être modifiée en profondeur, et tout ce qui appartient au passé aura un écho toujours plus lointain. C'est très nouveau, car cela contribue à l'impression de l'accélération du temps, mais cela va modifier le comportement de chacun. Il sera difficile d'être porteur de traditions et d'un héritage, car tout ce qui adviendra donnera la sensation presque immédiate de se dissoudre, ne laissant que très peu de traces dans les mémoires. Il ne s'agira pas d'amnésie mais d'une sélection du cerveau, qui ne retiendra que ce qui lui sera utile. L'instant présent va prendre une importance capitale.

« Toutes ces choses vont se mettre en place petit à petit pour déboucher sur un monde nouveau, ni meilleur ni pire, mais différent. Le réchauffement climatique, ses phénomènes, la précarité et l'avènement du virus et des virus contribuent à cette accélération. Toutes les formes culturelles vivront un renouveau. Les formes seront adaptées au temps, et tout ce qui en demandait beaucoup, avec une grande concentration, sera remanié afin que la compréhension soit adaptée à nos nouveaux modes d'appréhension de l'existence. Vous verrez par vous-mêmes. Ne tempêtez pas sur tout ce qui arrive et semble chaotique, il faut un peu de temps afin que cela se mette en place. Chacun ressent la même chose que le voisin et s'en protège. La vague de violence menée par les malfaisants et autres âmes en perdition qui tentent d'échapper à leur ignorance par la dureté, s'apaisera. De nouveaux gouvernants adopteront des mesures très efficaces contre cela. Il faut du temps afin que le chaos se dissipe, mais il se dissipera. Que chacun commence le travail par la pensée et les principes qu'il s'imposera. Il faut alléger l'amas des pensées délétères par un autre amas de pensées plus légères et plus positives. C'est la détermination qui portera ses fruits dans cette entreprise, et la force et la sincérité de ces émissions qui changeront les données. L'enfance est une vraie chance qu'on ne peut gâcher. Les principes qui seront inculqués aux enfants seront déterminants dans la manière dont ils grandiront.

– J'ai décidé de vivre tout cela ? dis-je, un peu médusée et inquiète.

– Oui, comme beaucoup d'autres, parce que c'est une chance d'être le témoin de la naissance d'une nouvelle ère terrestre.

Afin de clore le sujet et de pouvoir reposer mon stylo sur mon bureau, je posai la question suivante :

– Ah, au fait, Mauro F. voudrait comprendre pourquoi Hitler l'a choisi pour canaliser toutes ces pensées et tous ces souvenirs. S'il n'est pas la réincarnation du tyran, comme il le pense parfois, peut-on imaginer qu'il fut l'un de ses proches ?

– Mauro F. a été un enfant juif de Varsovie, mort à l'âge de onze ans dans un camp de concentration. C'était un petit prodige du piano, et son père, qui travaillait dans une grande banque, possédait une jolie collection de tableaux. Disons que l'âme de Hitler a choisi l'innocence et la grande bonté de l'une de ses victimes pour sortir de ses ténèbres et commencer sa très longue ascension. Mauro l'aide à cela. Son amour de la musique et son intérêt pour l'art ont convaincu le vieux démon de progresser vers la Lumière.

Ça alors ! J'en restai interdite. Je m'imaginais en train d'annoncer cette nouvelle à Mauro. Comment prendrait-il cela ?

– Arrive-t-il que la création décide de détruire une âme, lorsque celle-ci est jugée « irrécupérable » ?

– Jamais… Aucune âme n'est irrécupérable. La rédemption s'applique à tous les humains, quels qu'ils soient.

Je partis me coucher, mais ne trouvai pas le sommeil.

La nouvelle ère ici,
et ses conséquences là-bas

> « Nous passons au moins quinze ans à l'école,
> et pas une fois on ne nous apprend
> la confiance en soi, la passion et l'amour,
> qui sont les fondements de la vie. »
> ALBERT EINSTEIN

J'envoyai un SMS à Mauro pour lui dire que j'avais la réponse à sa question. Nous nous sommes appelés au téléphone, et je lui ai relaté ce que j'avais reçu. Lorsqu'il entendit parler de cet enfant juif qu'il aurait été (je prenais énormément de précautions et traitais tout au conditionnel), il accusa le coup, et me dit qu'il se sentait incapable de parler avec moi, tant il était bouleversé. Je raccrochai donc et lui laissai du temps pour reprendre ses esprits.

Il m'envoya un message écrit pour me dire que quelque chose s'était réveillé en lui et qu'il était sous le choc de cette révélation. Il était dans une grande colère à la pensée que le tyran avait profité de lui et de son innocence pour revenir à la « vie ». Je lui expliquai que le message disait bien que c'était lui, Mauro, qui l'avait permis. Encore une fois, c'étaient la bonté et l'innocence de la victime qui tendait la main au bourreau, et c'était lui qui permettait, ou non, la communication et son début de rédemption. « Il suffit de ne pas tomber dans la fascination et de contrôler l'influence que l'entité peut avoir sur vous », ajoutai-je dans mon message à Mauro.

Lorsque l'on communique avec des personnages autoritaires ou charismatiques, la difficulté réside dans le fait de contrôler le « service » que nous leur rendons, sans tomber dans la dépendance ou la servitude. Tous les médiums passent par cette fascination, et elle est dangereuse, car suivant la place que l'on veut donner à l'autre, il est évident que nous pouvons tomber sous l'emprise de celui-ci, qui ne maîtrise pas l'espace qu'il occupe en nous dans sa frénétique volonté de s'exprimer. Les esprits comme Hitler ou Napoléon, par exemple, qui ont dominé le monde, cherchent une tribune pour exprimer leur besoin de rédemption et parler d'eux-mêmes. Il faut donc autoriser la parole, mais surtout en garder la maîtrise, toujours, pour ne pas être involontairement avili par l'esprit désireux de communiquer.

Mauro semblait choqué d'avoir été dupé, non par A. H., mais par lui-même, tout excité à l'idée de permettre cette communication. Le fait que Walter dise que cet enfant était mort à onze ans avait également trouvé un écho chez Mauro, puisque le chiffre onze était partout dans sa vie, de sa date de naissance à toutes les grandes dates qui avaient jalonné son existence. Nous ne nous connaissions pas assez pour que je le sache, bien sûr. Il m'a dit s'être senti très mal tout au long de la journée, dans une colère irrationnelle, au fur et à mesure que de vagues sensations remontaient en lui. Des souvenirs impalpables et confus, une frustration immense et une souffrance indicible.

– C'est Mauro qui s'insurge, lui dis-je, certainement pas son âme qui, elle, a fait un sacré travail.

Durant les nuits qui ont suivi, je fis des rêves perturbants : tous les humains les plus monstrueux qui dormaient dans des puits sans que nous ne le sachions, en sortaient en criant « À l'aide ! » C'était plutôt terrifiant, et ceux qui étaient valides et volontaires devaient les aider à s'envoler vers les cieux. Ils étaient des milliers et nous étions débordés. Penser que nous sommes entourés par une grande partie de ces gens depuis si longtemps me donnait le tournis.

Walter ne tarda pas à venir me réconforter.

– Ne soyez pas aussi inquiète. Tout se fera en douceur et dans l'amour. Il faut que vous compreniez que tout ce qui nous sauve dans la manière de traverser les épreuves, c'est cet amour, celui que nous ressentons et celui des autres. Sans lui, il n'y aurait plus d'humains sur Terre. Lorsque l'homme est arrivé, il fut une expérimentation de ce souffle magique qui l'habite : l'âme. L'âme s'empara de cette « enveloppe » pour évoluer, et dut la faire évoluer pour progresser. La morphologie de l'homme a changé, et la conscience s'y est développée et s'y développe encore. Nous découvrons chaque jour, depuis plus de deux millions d'années, l'étendue de cette conscience et des possibilités qu'elle renferme. Tout au long de ces années, nous avons changé de regard sur l'environnement. Pendant longtemps, le prix d'une vie fut dérisoire, les animaux, de la chair à déguster, et les végétaux et minéraux, des refuges et des ustensiles. Même si, de vos jours, il y a encore des hommes qui massacrent sans aucun respect au nom d'un profit discutable, la conscience s'est élevée et l'on connaît désormais le prix d'une vie, l'importance et l'utilité des animaux qui nous entourent, et la nécessité vitale de ces arbres et ces minéraux. Chaque acte de destruction est un acte de sabotage de nos propres vies et de cette planète. Quand vous ne le savez pas, vous agissez à cause de cette ignorance, qui ne vous permet pas de vous rendre compte de la portée de vos gestes, l'intention n'y est pas et l'énergie non plus, mais quand vous savez, c'est autre chose, vos actions ont une portée démesurée et vous n'avez plus d'excuse.

En être conscients est très important dans le changement qui s'opère.

« Nous allons développer encore et encore cette conscience, c'est-à-dire permettre au corps de laisser passer un peu plus du trésor que nous sommes. Chaque étape est essentielle. La reconnaissance de la souffrance que l'on a endurée et celle que l'on a fait endurer en sont une. Après avoir pris la parole en tant que victime, il faudra prendre la parole en tant que bourreau, afin d'éviter qu'à l'avenir les victimes ne deviennent des bourreaux et n'engendrent des bourreaux. Il va falloir contrôler les désirs de vengeance et en arrêter les actions, car elles engendrent des générations de victimes et de bourreaux. Elles déciment des familles par une haine stérile, et les victimes de génocides et leur descendance perpétue à leur tour des génocides, prisonniers d'un cycle infernal. Il va falloir vraiment passer à un autre mode de pensée, si l'on veut que cette belle planète soit vivable pour tous les humains qui vont y naître. Ce ne sera pas la mixité le vrai problème, mais la haine, c'est pourquoi, plutôt que de répondre à la haine par la haine, il faudra faire l'effort d'y répondre par l'amour. Cela ne s'improvise pas, mais se travaille, jusqu'à ce que ce sentiment devienne un principe de vie, une valeur essentielle.

– Parlez-nous des guides et de la grande Lumière dans laquelle vous vous trouvez.

– Tout ce que vous vivez dépend de cette Lumière. Si je parle de ce qui n'a pas fonctionné et qui a troublé l'harmonie terrestre, c'est que tout cela doit retrouver le chemin de la Lumière. Pendant longtemps, nous avons laissé chacun aller à son rythme pour se mettre en marche, mais maintenant, il faut accélérer le processus. Cette quête est devenue indispensable et devra être aidée. Les changements que vous vivez impactent fortement les dimensions parallèles, puisque tout est imbriqué, tout fait partie du tout. Il a été décidé d'accélérer le processus humain, car la Terre va entrer dans un nouveau cycle, avec de nouvelles énergies. Profitons de ces nouvelles informations pour mettre au diapason tous les espaces. Il est certain que nous sommes touchés par les changements de fréquence que vous vivez. Nous souhaitons que le chemin vers la Lumière soit plus facile et plus immédiat, il faut donc le faciliter avec plus de communication avec les humains incarnés. C'est pourquoi le monde des sceptiques va se réduire, et ce n'est pas parce qu'on ne parlera pas de nos convictions qu'on ne sera pas ouverts à l'invisible. Les croyances sont multiples, l'ouverture de la conscience revêt différentes formes religieuses et spirituelles, et il est inutile de combattre pour la forme. Seul le fond est essentiel, et le fond indique toujours la même chose : arrêtez de vous faire du mal, respectez-vous. C'est le seul message valable qui nous importe vraiment.

– Nous ne sommes pas prêts, vous ne trouvez pas ?

– Pas encore, mais si nous en parlons, cela signifie que cela adviendra petit à petit. Commencez donc par ne pas colporter le mal que vous entendez, car vous lui donnez de la force. Chaque mot est une force, chaque pensée négative est un poison.

« Commencez donc par vous contrôler dans vos automatismes à dire, relayer ou faire le mal. Débarrassez-vous des prétextes qui vous poussent à le faire.

– Qu'en est -il de ceux qui sont dans la Lumière ?

– Ils y sont nombreux. Ne cherchez pas à communiquer avec eux. Ne les invoquez pas, mais soyez réceptifs à leurs signes et messages qui viennent de manière impromptue. Ne leur demandez pas de régler vos problèmes matériels, là où ils sont, ils peuvent vous envoyer de la force, mais n'ont pas pour mission de gérer des patrimoines. Laissez-les en paix et envoyez-leur de l'amour, plutôt que des ennuis. Leur amour, qu'ils retrouvent intact dès qu'ils sont ici, influe sur vos vies et votre parcours. Ils vous aident sans pour autant être obligés de redescendre vers vous, ce qui demande beaucoup d'énergie et qui n'est pas forcément autorisé. Leur parcours dans cet espace de plénitude est passionnant, ils travaillent, vivent dans de nouvelles demeures, dans des villes ou à la campagne, comme chez vous, ils travaillent, dans des bureaux pour certains, ils évoluent dans des sociétés où la pression, la souffrance et la douleur n'existent pas, et ils s'y adonnent avec amour, sans pour autant vous oublier, mais est-il nécessaire de le dire sans cesse ? Ce n'est pas à eux de redescendre, c'est à vous de vous élever. Vous êtes sur Terre pour cela.

« Méditez, reconnectez-vous à vous-même, et cessez d'utiliser les solutions de facilité qui vous sont souvent offertes par la fausse lumière dont nous avons déjà parlé. Inutile d'avoir des rituels, ou de suivre des formations, chacun peut avoir accès à lui-même, là où se trouvent les réponses. Vos défunts sont là où ils doivent être, et désormais, nous faciliterons leur départ de votre plan. Ne cherchez pas à communiquer pour savoir où ils sont, car vous les engluez au lieu de les propulser. Priez plutôt, méditez et retrouvez la sérénité, c'est votre but quelle que soit votre expérience là où vous êtes.

« Votre monde ne peut pas encore tout entendre sur la réalité de l'au-delà car il n'est pas prêt, et ce n'est pas encore le moment. Mais viendra le temps où la séparation entre les dimensions sera très mince. Vous devez encore grandir, prendre soin de votre monde, et de tous les êtres qui vous entourent.

– Walter, j'ai encore une question sur le pardon. Que se passe-t-il, lorsque l'on pardonne ?

– Le pardon est une force libératrice, souvent entravée par la souffrance et l'ego. Comme tout est vibratoire, lorsque vous pardonnez, vous émettez une énergie qui va vous libérer et vous permettre de retrouver force et respiration. Le pardon accordé est d'abord un bien-être physique, avant d'être un soulagement spirituel. Il redonne à celui qui l'accorde, comme à celui qui le reçoit, l'envie de repartir ou de continuer, en libérant tous ceux qui étaient englués avant.

– Certains sont persuadés d'avoir trahi en pardonnant.

– La trahison peut causer la mort ou le trouble, le pardon ne donne que l'amour, voilà la grande différence.

– Que dire à ceux qui voudraient communiquer avec les défunts ?

– Je le répète : ne les invoquez pas, parce qu'ils sont occupés à des tâches précises là où ils vivent désormais. En outre, vous risquez d'attirer des âmes perdues qui auront envie de se jouer de vous, et vous feront croire n'importe quoi pour tenter de vous avilir. Si les églises ont, pendant très longtemps, tenté de dissuader leurs ouailles de pratiquer ce genre d'activité, c'est pour les protéger de ces forces maléfiques qui attendent qu'on leur fournisse l'occasion de s'occuper dans leur ombre. Il faut, pour communiquer, soit être « appelé » par l'invisible qui vous désigne comme messager, soit être capable d'exercer un discernement sans faille pour se protéger et éviter d'infester les lieux où l'on réside, par manque de connaissance sur ce que l'on est en train de faire.

– La manière de percevoir ces communications va-t-elle changer, elle aussi, pour les médiums ?

– Oui, étant donné que nous désirons une accélération, comme je vous le disais, nous allons faciliter la communication pour ceux qui la reçoivent aisément.

– Pourquoi certains ne perçoivent-ils rien ?

– Parce qu'ils ne se font pas confiance, donnent trop la parole à leur mental et à leurs sens externes. On perçoit avec les sens internes. Il faut se relier à un autre mode de fonctionnement. On ne peut faire semblant, la fausse lumière n'est pas une source fiable.

Épilogue

« L'absence et la mort ne diffèrent pas beaucoup,
donc, on ne se quitte pas, on se perd de vue,
mais on sait bien que n'importe où,
on se retrouvera. »
George Sand

Que fallait-il retenir de cette incroyable histoire, alors que notre monde étouffait d'enfermement depuis plus d'un an à cause de ce virus, qu'il explosait de déprimes et de violences en tous genres, excédé par les restrictions tous azimuts ? Il fallait donc commencer à changer notre regard sur le passé, sur nos vieilles animosités, nos ressentiments et autres haines enfouies, que nous devenions des saints, ou du moins que nous en prenions le chemin. Était-ce vraiment le moment ?

– Oui, répondit Walter lors de sa dernière venue.

Il était apparu, très élégant, il portait un plastron, un nœud papillon et un frac, ce qui lui donnait un petit air de Fred Astaire.

– Ça alors !

Il sourit.

– Il fallait un peu de solennité pour vous annoncer que ma mission est terminée.

– Ah oui ? Vous allez m'abandonner ?

– Je vais continuer mon chemin, protéger quelqu'un d'autre. Vous vous souvenez que je vous avais dit que mon fils était encore en vie sur Terre ? C'est un vieux monsieur qui va bientôt passer par ici, et qui a besoin d'être guidé. J'ai l'autorisation de veiller sur lui, et j'en suis heureux. J'aurai même le privilège de l'accueillir très bientôt. Vous avez entendu ce que j'avais à vous dire, et je pense que vous l'avez bien compris.

– Et vous croyez que le fait que j'en parle va résoudre le problème ? lui demandai-je, légèrement narquoise.

– Pas le fait que vous en parliez, le fait que vous le sachiez.

– C'est-à-dire ?

– C'est-à-dire que si vous détenez une information, même si vous n'en parlez à personne, elle sera captée, malgré le secret et le silence. Elle voyagera et germera dans l'esprit d'autres, parce que ce sera le moment. C'est ainsi, et pour tout.

– Vous voulez dire qu'il est temps pour nous d'abandonner les mauvais sentiments ?

– Il est temps de prendre conscience qu'il faut passer à autre chose. Cela prendra du temps, mais cela s'améliorera.

– Êtes-vous conscient que tout cela est lourd pour moi, en cette période où, de plus, je viens de perdre des personnes chères à mon cœur ?

– Vous surmonterez cela. Sachez que l'on nous donne à porter seulement ce que nous pouvons porter. Vous le pouvez. Vous savez que si notre cœur reste ouvert, nous ne souffrons pas du manque de ceux qui partent, car nous nous remplissons de l'amour qu'ils nous envoient. Des grands changements arrivent pour tous, vous n'êtes pas exclue du plan.

– Bien… Merci donc, Walter ! Merci. Vous avez toute ma gratitude pour cet incroyable échange en un temps si particulier. Continuez votre chemin vers le bien et la rédemption. Pour le pardon, je ne peux pas faire grand-chose, mais j'espère qu'il vous sera accordé lorsque ce sera le moment.

– C'est déjà fait, sinon, je ne serais pas là. Il n'en est pas de même pour tous les autres qui vont avoir un long chemin à faire. N'oubliez pas de penser et de prier pour tous ceux qui sont bloqués dans leur enfer. Ils ont besoin de comprendre.

Il disparut peu à peu, comme un nuage qui se dissipe.

Je me sentis vide et abandonnée.

Quelques jours après, j'appelai Mauro.

Je le sentis bouleversé.

– Je suis secoué, me dit-il. La révélation que Höffer vous a faite sur moi a provoqué un véritable séisme.

« C'est comme si je m'étais reconnecté à moi-même. Des rêves et des impressions ont surgi, comme des souvenirs flous et confus, j'en ai été très perturbé, mais je savais que je devais retrouver tout cela avec précision. Il vous a dit que j'avais onze ans, ce chiffre, onze, qui me suit partout. Il vous a dit que mon père était banquier, je travaille dans une banque. Il vous a dit que je jouais du piano, j'aime diriger des orchestres. J'ai cherché dans les listes de ceux qui furent exterminés dans les camps proches de Varsovie, j'ai trouvé des noms qui pourraient correspondre, mais ce qui est le plus important, c'est que plus qu'une identité, j'ai retrouvé mon essence. Juste avant tout cela, j'avais eu une communication avec A. H., qui me disait son regret d'avoir permis l'extermination des juifs, et combien il se désolait que des gens sur Terre puissent encore revendiquer l'idéologie qu'il avait élaborée, qui n'était que le fruit d'un aveuglement ignoble qu'il reniait absolument. Il renie le système qu'il avait mis sur pied. Il veut retrouver les pensées qu'il avait dans sa jeunesse, qui étaient plus pures et plus saines. Ma colère contre lui a été très forte. Ce n'était plus moi, mais l'autre moi qui était aux commandes. J'ai eu en tête des bribes de prières que je ne connaissais pas. Je ne parvenais pas à en retrouver le texte exact. J'ai cherché dans des documents et je l'ai retrouvé : c'est une prière juive. Je me suis mis à la dire à haute voix pour lui, et chaque jour je la lui dis, et je sens que cela l'aide, et que cela m'aide vraiment. Je vais mieux désormais, je me sens épanoui, comme si je savais qui je suis, comme si j'avais recollé des fragments de mon existence, des fragments qui me manquaient pour aller bien. Je rends grâce à la vie qui a permis tout cela. C'est incroyable et merveilleux. Merci à vous.

J'étais abasourdie. Dans ma vie, souvent, la réalité avait dépassé la fiction, et c'était le cas une fois encore. Je ne savais pas ce que j'allais faire de tout cela, mais restais frustrée par une chose : ne pas avoir réussi à communiquer directement avec A. H.

Je sais que cela ne m'était pas permis, mais sans vouloir dialoguer avec lui, je voulais savoir ce qu'il pensait et comment il ressentait tout cela.

J'obtins ce que je désirais au réveil du jour suivant.

J'entendis clairement :

– À la question « Se sent-il bien ? », la réponse est non.

– A-t-il l'espoir d'évoluer vers d'autres mondes ? La réponse est oui.

– Comprend-il ce que tu penses de lui ? La réponse est non.

Il me trouvait sans doute encore incapable de la moindre commisération envers lui, car j'avais moi aussi bien du chemin à parcourir. Mais qui me faisait passer ce message ? Je le sus en ressentant une douce impression de bien-être et d'amour. Mon nouvel ange gardien était arrivé, mais peu m'importait de savoir comment il s'appelait.

Je l'aimerai en silence.

Remerciements

À Laurent Boudin, pour avoir fait en sorte que ce livre voit le jour, et pour m'avoir soutenue inconditionnellement tout au long de cette aventure.

À Claude-Olivier, pour sa perpétuelle bienveillance.

Table des matières

Mise en pages
PRESS·PROD

Imprimé en France par
CPI Bussière en
décembre 2021

Dépôt légal : mai 2021
N° d'impression : 2062263
ISBN : 978-2-7499-4578-1
LAF : 3035